JOHANN KASTNER

BONSAI

ziehen, gestalten, pflegen

Schritt für Schritt
zum Bonsaiprofi

JOHANN KASTNER

BONSAI

ziehen, gestalten, pflegen

Schritt für Schritt zum Bonsaiprofi

Über 200 Farbfotos von der Bildagentur Beck, Johann Kastner und anderen bekannten Gartenfotografen
Illustrationen von Heidi Janiček

INHALT

Hinweis

GEWUSST WIE – PFLANZEN-PRAXIS LIVE ERLEBEN

Anschauliche Videos zu den wichtigsten Tätigkeiten rund um Bonsai finden Sie hier: www.gu.de/bonsai-kastner/

- Wie man Bonsai richtig umtopft
- Das beste Pflegeprogramm für Bonsai
- Laubbäume schneiden – Tipps und Tricks
- Worauf man beim Schnitt von Nadelbäumen achten muss
- Bonsai formen mit Draht

Mit diesen nützlichen Praxistipps steht Ihrer Bonsai-Kunst nichts mehr im Weg!

1 Planung

Inspiration aus der Natur

Manche Bäume sprechen uns tief in unserer Seele an. So erstaunt es nicht, dass der Mensch sich diese fast mythischen Wesen zu sich nach Hause holt. Mit der Gestaltung eines Bonsai schafft man sich sein Miniatur-Wunschbild der Natur, das aber nur im »Zwiegespräch« mit der Pflanze entstehen kann.

Sicher kennen Sie das: Sie sind draußen unterwegs, plötzlich sehen Sie einen Baum, der aufgrund seiner Größe und Gestalt eine Saite in Ihrem Inneren zum Schwingen bringt. Im Schatten seiner Krone möchten Sie ruhen und neue Kraft tanken. Oder Sie staunen über den unbändigen Überlebenswillen, mit dem sich ein sichtlich betagter Wacholder an eine Felswand krallt.

Diese Faszination ist ein Grund dafür, dass Menschen sich seit Jahrhunderten mit Bonsai auseinandersetzen. Ebenso wichtig ist, dass man sich ein Stück Natur nach Hause holt. Sie zu betrachten und sich damit zu beschäftigen ist Erholung pur!

Wie man ein Bonsai-Pate wird

Gehölze sind besondere Wesen, die extrem anpassungsfähig sein können. Einen Fächer-Ahorn in einen Bonsai zu verwandeln, erfordert jedoch planvolles Vorgehen. Man muss sich darüber im Klaren sein, welche Stilform (› Seite 12) für ihn infrage kommt, wie er aufgebaut ist (› Seite 16/17), und wie man die Wachstumsgesetze (› Seite 18/19) so nutzt, dass er mit der Zeit die gewünschte Form annimmt. Weiterhin spielt es eine Rolle, ob Sie die Geduld haben, Ihren Bonsai aus einem Sämling zu ziehen, oder ob Sie schneller zum Ziel kommen wollen (› Seite 20/21). Ist dann aus einem Gehölz ein Bonsai geworden, ehrt man ihn mit einer auf ihn abgestimmten Schale (› Seite 22/23) und der angemessenen Präsentation (› Seite 24/25).

Glücksmomente

Seien Sie sich dessen bewusst, dass ein Bonsai mehr Kenntnisse und Geduld von Ihnen fordert als andere Topfgewächse. Doch er wird es Ihnen danken! Mit der Zeit entwickeln Sie ein Verhältnis zu Ihrem Bäumchen, das es Ihnen leichter macht, seine Eigenarten zu verstehen. Schon die kleinen Erfolge werden Ihnen Glücksmomente bescheren. Und eines Tages steht ein Prachtexemplar vor Ihnen, auf das Sie richtig stolz sein können!

Diese beiden Gehölze an ihrem Naturstandort eignen sich mit ihren guten Proportionen hervorragend als Vorbild für Bonsai.

Wichtige Tipps für Bonsai-Einsteiger

Aller Anfang ist schwer, so heißt es. Das muss nicht sein: Es kommt vielmehr darauf an, wie gut man sich vorbereitet. Diese Profi-Tipps helfen Ihnen dabei, die typischen Anfängerfallen sicher zu umgehen!

Fichten haben einen streng aufrechten Wuchs mit aufgerichteten, später hängenden Ästen.

Mit Bonsai lassen Sie sich auf ein Hobby ein, das einerseits besondere Voraussetzungen erfordert, andererseits aber auch besondere Erfolge verspricht. Mit diesen Hinweisen fällt Ihnen der Einstieg leichter.

Für einen guten Start

Der erste Schritt zum Bonsai-Glück besteht darin, die Gehölze zu finden, die am besten zu Ihnen passen. Dabei spielen persönliche Kriterien eine Rolle, wie Ihre Vorlieben für bestimmte Arten oder die Zeit, die Sie Ihrem Hobby widmen wollen. Mit entscheidend ist der Standort, den Sie Ihren Bonsai anbieten können.

Drinnen oder draußen?

Wer nur geschlossene Räume zur Verfügung hat, kann ausschließlich auf tropische, subtropische oder mediterrane Arten zurückgreifen. Diese haben Anforderungen an Licht, Temperatur und Luftfeuchtigkeit, die als »Ersatzklima« im Raum nur mit großem Aufwand zu schaffen sind. Lediglich einige robuste Arten überleben solche Bedingungen eine Weile (› Porträts, ab Seite 114). Heimische Arten bzw. solche, die mit unserem Klima zurechtkommen, haben bessere Voraussetzungen – wenn sie einen Standort im Freien bekommen (› Seite 32/33).

Geeignete Pflanzenarten

In diesem Buch finden Sie Arten, die sich für die Bonsai-Kultur sehr gut eignen. Es

Ein Laubbaum mit dichter Krone. Bonsai gestaltet man mit mehr »Durchblick«.

kommen natürlich noch weitere Arten infrage, doch es gibt auch Grenzen.

- So lassen sich Holunder und Walnuss aufgrund ihres arttypischen Wuchses nur bedingt so gestalten, dass sie ihren Vorbildern glaubwürdig nachempfunden werden können.
- Ein anderes Kriterium ist, inwieweit sich die Blattgröße mittels bestimmter Techniken auf Dauer so verkleinern lässt, dass das Verhältnis zwischen Blatt und Baum stimmt. Bei Kastanie, Walnuss und Eberesche kann man die Blätter nur auf ein gewisses Maß verkleinern. In solchen Fällen bleibt nur die Möglichkeit, die Größe des Bonsai an die kleinstmöglichen Blätter anzupassen.
- Wer Wert auf Blüten und Früchte legt, kann ebenfalls nur in Ausnahmen eine der klassischen Bonsai-Stilformen aufbauen: Beide bleiben meist einfach zu groß. Deshalb findet man nur sehr, sehr selten gelungene Weigelien-, Forsythien- und Spierstrauchbonsai. Eine Ausnahme ist die Satsuki-Azalee (*Rhododendron indicum*), die auch auf Dauer überzeugend wirkt, weil Blüten und Baum im harmonischen Verhältnis zueinander stehen.

Am Vorbild orientieren

Die Gestaltung eines jeden Bonsai beginnt mit einem Blick auf sein Vorbild in der Natur: Er sollte es in seinen markantesten Eigenschaften treffen. Ein Laubbaum muss wie ein Laubbaum wirken, ein Nadelbaum wie ein Nadelbaum. Diese beiden Gruppen unterscheiden sich zum Beispiel in der Stellung ihrer Äste.

- Die Äste der Laubbäume stehen mindestens im rechten Winkel zum Stamm, eher noch schräg nach oben strebend.
- Die Äste der Nadelbäume hängen vom Stamm ausgehend eher nach unten und wachsen erst an den Spitzen nach oben.

Meine Empfehlungen für Bonsai-Einsteiger

Es ist noch kein Bonsai-Meister vom Himmel gefallen. Damit Sie möglichst bald Ihre ersten Erfolgserlebnisse haben, gebe ich Ihnen aus meiner Erfahrung die folgenden Tipps.

Ausreichend Material

Steigen Sie mit fünf oder, noch besser, zehn Pflanzen in das Hobby ein. Suchen Sie sich dafür einfache, preiswerte Gewächse, die Sie vielleicht sogar schon im Garten oder auf der Fensterbank haben. So bleiben stets genügend Bonsai-Anwärter übrig, wenn es einmal eine Panne gibt. Wenn Sie die Möglichkeit haben, sich mit mehreren Exemplaren zu beschäftigen, fällt es Ihnen zudem leichter, der einen oder anderen Pflanze auch einmal genügend Zeit zu geben, sich in Ruhe zu entwickeln.

Expertenrat einholen

Lassen Sie ruhig andere die typischen Anfängerfehler machen! Wenden Sie sich an Menschen, die schon Erfahrung mit Bonsai haben, bevor Sie sich an einen größeren Eingriff machen. Sicher gibt es in Ihrer Nähe jemanden, mit dem Sie sich austauschen können (› Adressen Seite 126). So werden Sie Schritt für Schritt selbst zum Experten.

Üben Sie sich in Geduld

Bis ein Bonsai halbwegs seinen Namen verdient, geht viel Zeit ins Land. Währenddessen muss man ihm seinen Rhythmus lassen: Wie in der Natur wächst das Bäumchen im Zusammenspiel mit den Jahreszeiten. Auch zwischen Baum und Gestalter braucht es dieses Zusammenspiel: Man tut sich leichter, wenn man mit der Pflanze arbeitet, statt gegen sie. Da heißt es oft, abzuwarten, wie sie auf eine Maßnahme reagiert, oder ob sie vielleicht selber etwas »vorschlagen« möchte. Geduld ist also die wichtigste Fähigkeit auf dem Weg zum Bonsai-Könner!

Stilformen der Bonsai-Kunst

Bäume, die in der Natur wachsen, zeichnen sich durch verschiedene Wuchstypen aus. Diese Vorbilder möchte man an Bonsai nachempfinden und teilt sie für die Gestaltung in sogenannte Stilformen ein.

Wer Bäume in der Natur studiert, wird feststellen, dass unterschiedliche natürliche Wuchs- und Kronentypen vorherrschen. Sie sind davon abhängig, wie sich eine Pflanze an ihren Lebensraum anpasst, und dienen seit jeher als Vorbild für die Bonsai-Gestaltung. Im Lauf der Zeit entwickelte man idealisierte Darstellungen, die als Stilformen bezeichnet werden. Waren es anfänglich in China noch urwüchsige Darstellungen, arbeitete man in Japan die immer perfekteren und heute allgemein üblichen Stilformen heraus. Sie helfen, den Bonsai so zu gestalten, dass er wirkt wie ein Baum in der Natur.
Im Folgenden finden Sie einen Überblick über die wichtigsten dieser Vorbilder.

Besenform

Diese Stilform erinnert an unsere Alleebäume. Sie haben einen geraden Stamm, dessen Äste auf einer bestimmten Höhe entspringen. Sie vermitteln den Eindruck eines Besens oder, bei flacheren Kronen, einer Art Schirm. In der Bonsai-Gestaltung wird diese Form bei Laubbäumen bevorzugt. Der Stamm kann auch bis in die Kronenspitze verlaufen und sich dabei verjüngen. Eine weitere Variante zeichnet sich durch einen Stamm aus, der zwei Hauptäste trägt, die dann die Krone bilden.

Streng aufrecht

Fichten aus Monokulturen sind typische Vorbilder für diese Stilform. Der Stamm wächst gerade und die Wurzel ist strahlenförmig angeordnet. Insgesamt vermittelt dieser Wuchstyp den Ausdruck von Stabilität. Man wendet ihn gern bei der Bonsai-Gestaltung von Fichte (*Picea*), Sicheltanne (*Cryptomeria*) und Scheinzypresse (*Chamaecyparis*) an. Laubbäumen ordnet man diese Stilform nur selten zu.

Locker aufrecht

Äußere Einflüsse zwingen Bäume manchmal, eine andere Wuchsrichtung einzuschlagen. Danach gestaltete Bonsai weisen einen leicht geschwungenen Stamm auf. Je nach Stärke der Bögen wirken Bonsai dieser Stilform harmonisch bewegt bis dramatisch. Idealerweise setzen die Äste und Zweige auf der Außenseite und leicht oberhalb eines gebogenen Stamm- oder Astabschnitts an. Eine derart ideale Astanordnung kann jedoch auch steril anmuten.

Geneigt

Gelegentlich findet man Bäume, die teilweise umgekippt sind. Später konnten sie sich in der neuen Lage wieder stabilisieren. Krone, Stamm und Wurzel passen sich den neuen Gegebenheiten an und verändern dadurch abrupt die Wachstumsrichtung. Die Wurzel verstärkt sich auf der geneigten Seite, um dem Baum mehr Standfestigkeit zu bieten. Der Stamm bildet zu diesem Zweck andere Holzstrukturen: Bei Nadelgehölzen entsteht an der Stammunterseite Druckholz, bei Laubgehölzen an der Oberseite Zugholz. Da die »Herstellung« von Druck- oder Zugholz in der Bonsai-Gestaltung nur selten gelingt, wird diese Stilform kaum realisiert.

Dies sind ansprechende Beispiele für die Stilformen Besenform, streng aufrecht, locker aufrecht sowie geneigt.

Besenform

streng aufrecht

locker aufrecht

geneigt

Doppelstamm

Doppel- bzw. Mehrfachstämme sind eine seltene Laune der Natur. Dabei wachsen mehrere Stämme aus einem Wurzelwerk. Bei Bonsai wird diese Stilform meistens durch Abmoosen (› Seite 72/73) erzeugt. Man strebt die Gestaltung unterschiedlich starker und hoher Stämme an, um den Eindruck von »Mutter und Kind« bzw. »Vater und Kind« zu vermitteln – Laubgehölzen schreibt man weibliche, Nadelgehölzen männliche Eigenschaften zu. Die Stämme werden in 3er-, 5er-, 7er- und 9er-Gruppen arrangiert. Eine gerade Anzahl von Stämmen sollte man vermeiden, weil die Proportionen des Bonsai dann unharmonisch wirken.

Dieser Wacholder wurde als Felsenpflanzung der Natur nachempfunden.

Wurzel über Felsen

Diese ansprechende Form leitet man von im Gebirge wachsenden Bäumen ab. Der Bonsai wird auf einen »Felsen« gepflanzt. Die Wurzeln wachsen dann über den Stein in das Substrat hinein. Eine interessante Variante ist die Pflanzung in den Stein. Die Wurzeln reichen in diesem Falle nicht bis in Schale hinab. Diese Stilform ist pflegeintensiv, kann jedoch immer wieder begeistern.

Kaskade

Das Vorbild dieser Wuchsform findet man vor allem an Felshängen. Unter solchen Bedingungen gedeihen vor allem Nadelgehölze, die demzufolge bei der Gestaltung von Kaskaden bevorzugt werden. Schneebruch, Eis und Steinschlag zwingen die Bäume am Felshang, nach unten zu wachsen. Die Zweige sind jedoch bestrebt, weiterhin nach oben zu wachsen. Die Form ergibt sich somit aus einem Zusammenspiel von Naturgewalten und den natürlich vorgegebenen Wachstumsgesetzen. Bei Bonsai zieht man für diese Stilform die Kronen weit über den Schalenboden hinaus nach unten. Häufig integriert man Totholzpartien, um die Pflanze dramatischer und älter erscheinen zu lassen, als sie in Wirklichkeit ist. Die Gesundheit der Bonsai-Pflanze steht jedoch immer im Vordergrund. Gegen die Natur des Baumes zu arbeiten, gelingt in den seltensten Fällen!

Halbkaskade

Die abgeschwächte Ausprägung der Kaskade ist die Halbkaskade: Typischerweise reicht die Krone nicht über den unteren Rand der Bonsai-Schale hinaus. Diese Stilform baut man meist aus einem langen unteren Ast auf, der wie eine angedeutete Kaskade anmutet. Für diesen Wuchstyp bevorzugt man Nadelgehölze. Laubgehölze können ebenso verwendet werden, wenn die Gestaltung glaubwürdig ist.

Waldform

Für diese Stilform gestaltet der Bonsai-Freund einen Wald auf kleinstem Raum. Dabei soll der Eindruck der räumlichen Tiefe verwirklicht werden, der beim Betrachten eines Waldes entsteht. Entscheidend sind Auswahl und Anordnung der Bäume: Große und dicke kommen in den Vordergrund, kleinere und dünnere in den Hintergrund. Die Anzahl der verwendeten Bäume richtet sich nach der Größe der Schale oder Platte. Um wie ein Wald zu wirken, braucht es mindestens zwei Pflanzengruppen. Die Anzahl der Bäume darf nicht auf den ersten Blick offensichtlich sein. Wenn die Schale zu klein dafür ist, kann man stattdessen eine ungerade Anzahl von Bäumen setzen. Das ist aber bei dieser Stilform kein absolutes Muss.

Stilformen für Fortgeschrittene sind Doppelstamm, Wurzel über Felsen, Kaskade, Halbkaskade und Waldform.

Doppelstamm

Wurzel über Felsen

Kaskade

Halbkaskade

Waldform

Der Aufbau eines Baumes

Dank ihres über Jahrmillionen angepassten Bauplans vermögen Bäume ungünstigen Lebensbedingungen zu trotzen. Diesen Plan zu verstehen, gehört zu den nötigen Grundkenntnissen für die Bonsai-Gestaltung.

Bleiben die Triebe ungeschnitten, verzweigen sie sich immer stärker, bis der Haupttrieb altert (3).

Jedes Gehölz besteht aus Wurzel, Stamm und einer belaubten Krone. Schauen wir uns diese Teile und ihre jeweiligen Funktionen genauer an.

Die Wurzel als Basis

Die Wurzeln dienen der Verankerung des Baumes im Erdreich, der Aufnahme von Wasser und Nährstoffen sowie der Speicherung von Stärke und Zucker als Reservestoffe. Sie bilden ein sich immer weiter verzweigendes System, das in mit feinen Wurzelhaaren versehenen Wurzelspitzen endet. Nur diese vermögen in Wasser gelöste Nährstoffe aus dem Boden aufzunehmen.

Der Stamm – eine geniale Konstruktion

Problemlos trägt der Stamm sein Eigengewicht und trotzt Wind und Schneelasten – egal, wie alt der Baum ist. Das liegt daran, dass das Holz nicht nur in die Länge, sondern auch in die Breite wächst.

Ein Blick ins Innere

Im Querschnitt gesehen, befindet sich etwa in der Mitte des Stammes das Mark. Es wächst als luftgefüllte Röhre mit dem Stamm in die Länge. Es ist von Holz umgeben, das dem Baum seine statische Festigkeit verleiht. Das den Holzteil umgebende Kambium ist nur wenige Zellen dick. Es ist das einzige Gewebe, das zu wachsen vermag, und sorgt somit dafür, dass der Stamm dicker wird.

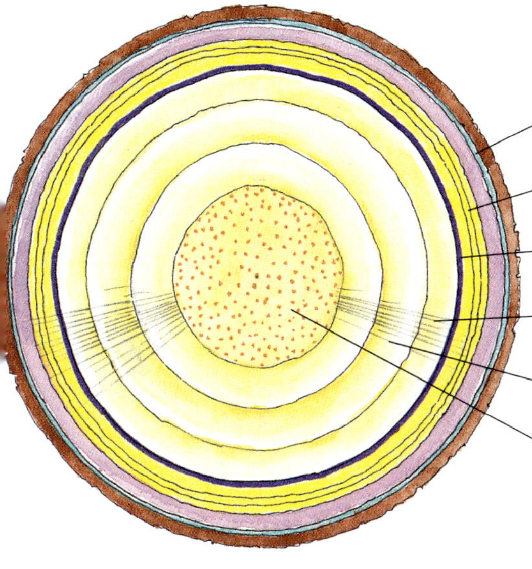

Jedes Jahr erhält das Holz duch die Zellteilung des Kambiums einen Zuwachs. So entstehen die Jahresringe.

Durch die im Frühling stärkere, im Winter schwächere Aktivität des Kambiums entstehen Jahresringe. Nach innen bildet es Holz, nach außen Bast. Beide enthalten Leitungsbahnen. Im Holz transportieren sie Wasser und Nährstoffe von der Wurzel zum Blatt, im Bast vom Blatt zur Wurzel. Strahlenförmig angeordnete Kanäle zwischen Rinde und Holz führen zudem Nährstoffe zu den Speicherorten im Stamminneren. Nadelgehölze besitzen zusätzlich Kanäle mit Harz zum Verschließen von Wunden. Der äußerste Teil des Stamms ist die Rinde oder, bei älteren Bäumen, die rauere Borke. Rinde entsteht aus einem eigenen Kambium und kann unterschiedlich dick sein.

Die Verzweigungssysteme

Äste und Zweige sind im Querschnitt ebenso aufgebaut wie der Stamm. Am Übergang von Ast zu Stamm befindet sich meist der sogenannte Astring. Er kennzeichnet die Stelle, wo sich Ast- und Stammleitungsbahnen voneinander trennen. Wie sich ein Ast verzweigt, ist vom Wuchstyp der jeweiligen Pflanze abhängig.

Knospen sind die Reserve für zukünftiges Wachstum

Einjährige Triebe (› Abb. Seite 16, 1) entwickeln in den Blattachseln Knospen, auch Augen genannt. Diese treiben im nächsten Frühjahr aus und bilden Neben- bzw. Seitentriebe (› Abb. Seite 16, 2). Diese Verzweigungen setzen sich in den Folgejahren fort.
Die Seitentriebe treiben nach bestimmten Wachstumsgesetzen aus (› Seite 18/19). Diese sind die Grundlage des für die Bonsai-Gestaltung so wichtigen Rückschnitts.
Während des Wachstums entstehen über den gesamten Stamm und die Äste sogenannte schlafende Augen. Sie bleiben unsichtbar unter der Rinde und können Jahrzehnte sozusagen »verschlafen«, bis der Baum sie zu seiner Regeneration benötigt und aktiviert. Ihr Austrieb kann zum Beispiel durch den Verlust eines Astes, Schädlingsbefall oder Rückschnitt ausgelöst werden. Nadelgehölze, vor allem Tanne und Fichte, besitzen weniger Reserven zur Regeneration als Laubgehölze.

Das Laub als Energiefabrik des Baumes

Es grenzt schon an ein Wunder, welche Leistung Blätter und Nadeln vollbringen: Sie wandeln Sonnenlicht, Kohlendioxid und Wasser in Sauerstoff sowie in organische Verbindungen um, die Assimilate. Dabei handelt es sich um Kohlenhydrate und, in geringerem Maße, um organische Stickstoff- und Schwefelverbindungen. All dies wird für den Stoffwechsel und das Pflanzenwachstum benötigt. Die Verteilung erfolgt über die Leitungsbahnen im Bast in alle Teile des Baumes. Nach der Ruhephase im Winter drückt die Wurzel in Wasser gelöste Zucker und Nährstoffe aus ihrem Speicher in die Triebe und bringt so das Wachstum wieder in Gang.

Blüten und Früchte

Um sich fortpflanzen zu können, bilden die Pflanzen Blüten, die im Verlauf der Saison zu samenhaltigen Früchten heranreifen. Speziell bei Blüh- und Obstgehölzen ist dies unter Bonsai-Freunden ein willkommener Schmuck.

Wachstumsgesetze der Bäume

Wenn ein Gehölz ein Bonsai werden und bleiben soll, muss es fachgerecht behandelt werden. Die dafür üblichen Methoden lassen sich ganz logisch aus den Wachstumsgesetzen der Gehölze ableiten.

Ohne Beeinflussung von außen wächst ein Baum Jahr für Jahr weiter, bis er seine biologisch festgelegte Höhe erreicht hat. Stamm und Äste werden dabei stets länger und dicker. Bei der Bonsai-Gestaltung möchte man jedoch das Wachstum in eine bestimmte Form lenken. Stamm, Äste, Zweige sowie die Blattgröße sollen in harmonischen Proportionen zueinander stehen. Um Höhe, Wuchsrichtung und Verzweigung gezielt zu steuern, muss man wissen, warum ein Gehölz wächst, wie es wächst, und wie es auf bestimmte Maßnahmen reagiert. Daraus leiten sich entsprechende Techniken ab, die im Umgang mit Bonsai üblich sind.

Starker (li.) und schwacher (re.) Rückschnitt wirken sich unterschiedlich aus.

Der Saftdruck steuert den Austrieb

Jeder Baum beginnt einmal als Sämling, der einen Hauptspross, den sogenannten Leittrieb, in die Höhe schickt. Der Austrieb wird dabei von den Wurzeln beeinflusst. Sie drücken nährstoffhaltige Pflanzensäfte stets von unten nach oben. Dieses Phänomen bezeichnet man als Saftdruck. Die Feinabstimmung bei der Regulierung des Knospenaustriebs übernehmen spezielle Pflanzenhormone.

Die Spitzenförderung

In den ersten Jahren will ein Baumsämling so schnell wie möglich nach oben wachsen, damit er eventuelle Mitbewerber um Licht und Nährstoffe ausstechen kann. Daher versorgt er bevorzugt die Knospen an den Triebspitzen, ob sie nun am Leittrieb oder am Seitentrieb sitzen. Bei dieser Gesetzmäßigkeit spricht der Botaniker und Bonsai-Fachmann von Spitzenförderung.

Die Förderung anderer Triebknospen

Nicht immer sind es die Triebspitzen, die »oben« liegen und somit bevorzugt werden.
Bei annähernd waagerecht wachsenden Ästen verteilt sich der Saftdruck gleichmäßig im Trieb. In diesem Fall werden

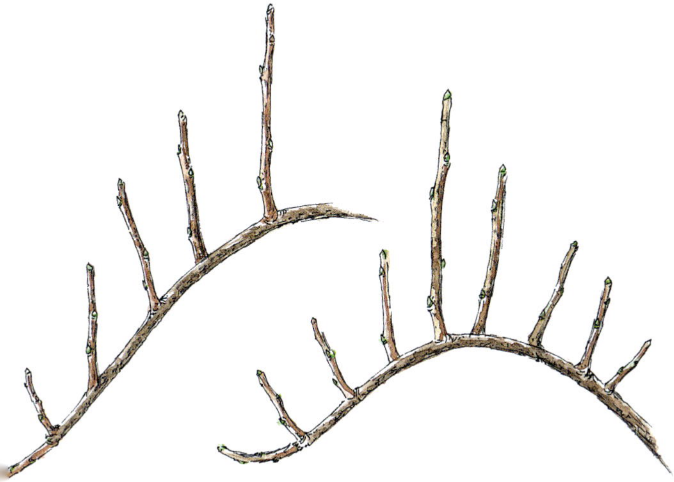

Bei herunterhängenden Ästen (li.) werden die Knospen an der Basis gefördert, bei gebogenen (re.) die am Scheitelpunkt.

die Knospen bevorzugt, die auf der Oberseite des Triebes liegen. Hängen die Triebe herab, fördert der Saftdruck die Knospen am stärksten, die sich in der obersten Position befinden. Diese liegt bei gerade herunterhängenden Ästen an deren Basis am Stamm, bei gebogenen Ästen am Scheitelpunkt. Die benachbarten Knospen treiben umso schwächer aus, je weiter sie von der obersten entfernt liegen.

Wie der Schnitt den Wuchs beeinflusst

Eine Gärtnerregel besagt: »Ein starker Schnitt hat starken Austrieb zur Folge.« Je tiefer man zurückschneidet, desto stärker treiben also die Knospen aus. Umgekehrt treiben sie auf einen schwachen Rückschnitt weniger stark aus.
Nun haben Sie es bei Bonsai aber nicht nur mit einzelnen Trieben zu tun, sondern mit ganzen Kronen. Hierbei gelten die folgenden Regeln:

- Ein starker Schnitt im gesamten Kronenbereich bewirkt einen ebenso starken Austrieb, allerdings von nur vergleichsweise wenigen Trieben.
- Ein schwacher Schnitt im gesamten Kronenbereich wird einen schwachen Austrieb vieler Triebe zur Folge haben.

Je nach der Kronenform kann man auch beide Rückschnittsstärken miteinander kombinieren. Das gilt speziell, wenn einseitig wachsende Kronen korrigiert werden müssen.

- Um die Verzweigung zu fördern, schneidet man Triebe auf schwächere Knospen zurück. Da nun die bislang bevorzugte Knospe an der Triebspitze fehlt, steigt die Wahrscheinlichkeit, dass mehrere, auch weiter vom Schnitt entfernte Knospen austreiben. Diese Triebe wachsen schwächer als die ursprüngliche, ungeschnittene Triebspitze. Der Rückschnitt verjüngt und hat obendrein eine schöne und geschwungene Form der Äste und Zweige zur Folge.

So nutzen Sie diese Regeln für Bonsai

Die Wachstumsgesetze macht man sich bei der Gestaltung von Bonsai zunutze. Neben der Schere benötigen Sie für diese Arbeit noch weiteres Material, wie Spann- und Spreizmittel (› Seite 58/59) sowie Drähte (› Seite 60/61).

Den Zuwachs lenken

Nach den Wachstumsregeln des Baumes bleiben untere Äste meist schwächer. Für harmonische Proportionen braucht der Bonsai aber unten dickere, nach oben hin immer dünnere Äste. Folglich muss der Wuchs in den unteren Partien gefördert, in den oberen gebremst werden. Dafür eignen sich diese Maßnahmen:

- Um das Wachstum anzuregen, zieht man Äste mit Draht nach oben. Das erhöht den Saftdruck in den Triebspitzen und verstärkt so den Zuwachs.
- Soll das Wachstum gebremst werden, stellt man nach oben stehende Äste mit Draht oder Keilen waagerechter. Dadurch verteilt sich der Saftdruck auf mehrere Knospen. Der Zuwachs in Länge und Breite sinkt entsprechend.

Auf die gesamte Krone bezogen, gehen Sie also so vor: Äste im oberen Bereich, die durch das natürliche Wachstum des Baumes gefördert werden, zieht man herunter. Im unteren Bereich dagegen stellen Sie die Äste senkrechter. Damit erreichen Sie, dass diese weniger in die Länge wachsen, dafür aber in der Dicke zunehmen.

Die Wahl des besten Ausgangsmaterials

Es führen viele Wege zu einem schönen Bonsai. Manche erfordern viele Jahre, doch es gibt auch Abkürzungen. Allen gemeinsam ist, dass die Start-Pflanzen bestmögliche Qualität aufweisen sollten.

Die Gestaltung von Bonsai ist ein langwieriger Prozess. Zwar ist, wie so oft, auch hier der Weg das Ziel. Trotzdem sollte sich Ihr Einsatz lohnen. Dafür ist das Ausgangsmaterial von entscheidender Bedeutung: Nur Pflanzen, die von Anfang an die besten Voraussetzungen für einen attraktiven Bonsai mitbringen, versprechen ein zufriedenstellendes Ergebnis. Achten Sie also bereits bei der Auswahl auf die entscheidenden Merkmale.

Eine etwa drei- bis vierjährige Jungpflanze lässt sich leicht in eine gewünschte Stilform ziehen.

Die »ideale« Pflanze

Die Anwärter für einen Erfolg versprechenden Bonsai sollten folgende Kriterien erfüllen:

- Verwenden Sie nur gesunde Pflanzen mit frischem, kräftigem Laub.
- Der Stamm verjüngt sich von unten nach oben in einer harmonischen Bewegung, oder er ist sehr gerade.
- Die schöne, kompakte Verzweigung beginnt bereits am Stamm. Die ersten Äste entspringen ziemlich weit unten.
- Die Anordnung der Äste verläuft gleichmäßig von unten nach oben. Die untersten sind am dicksten, nach oben hin werden sie immer dünner.
- Die Pflanze weist keine hässlichen Narben, unverheilte Schnitt- oder Faulstellen auf.
- Der Wurzelansatz besitzt eine deutliche Verdickung. Die strahlenförmig angeordneten Wurzeln verzweigen sich bereits in der Nähe des Stammfußes und verschwinden leicht schräg im Erdreich.

Kein Kandidat wird alle Kriterien perfekt erfüllen. Einiges lässt sich mit der Zeit korrigieren – und führt sogar zuweilen zu einem stärkeren Ausdruck. Grundsätzlich gewinnt man Bonsai durch den Aufbau aus jungen Pflanzen oder durch Reduktion, also den Rückschnitt bereits älterer Gehölze.

Methode 1: Aufbau

Junge Pflanzen lassen sich von Anfang an in eine gewünschte Richtung lenken (› Seite 56/57). Sie brauchen aber entsprechend lange, bis sie zum reifen Bonsai aufgebaut sind.

Für die Zukunft: Sämlinge

Im eigenen Garten, beim Nachbar oder bei Freunden, an Wegrändern, in Kiesgruben oder unter frei stehenden Bäumen gehen zu Tausenden Sämlinge auf, die sich als Ausgangsmaterial für die Aufbaumethode eignen. Sie dürfen in Maßen ausgegraben werden. Bevor Sie ernsthaft mit der Gestaltung beginnen können, müssen Sie noch fünf bis zehn Jahre verstreichen lassen. Nutzen Sie diese Zeit, an mehreren Pflanzen die arttypischen Eigenschaften kennenzulernen.

Mehrjährige Jungpflanzen

Sechs- bis achtjährige Gehölzesämlinge, die im Garten aufgegangen sind, bleiben am besten noch zwei bis vier Jahre dort stehen. Man kann sie in dieser Zeit bereits nach Bonsai-Regeln formen. Die meisten Gestaltungsmerkmale, wie Astanordnung und Verzweigung, lassen sich an diesen Sämlingen bereits gut steuern.

Junge Topfgehölze

In Baumschulen oder Gartencentern gibt es vier- bis sechsjährige Gehölze in Containern mit kompakten Wurzelballen. Das verkürzt die Wurzelentwicklung entscheidend. Suchen Sie nach Pflanzen mit kompaktem und kräftigem Stamm.

Methode 2: Reduktion

Ein kräftiger Rückschnitt älterer Pflanzen (› Seite 54/55) ermöglicht den sofortigen Einstieg in die Gestaltungsphase. So hat man schnell einen dicken Stamm. Dafür nimmt man größere Wunden in Kauf, die erst mit der Zeit optisch in den Hintergrund treten.

Ältere Topfgehölze

Neben jüngeren Pflanzen handeln Baumschulen und Gartencenter auch mit über zehnjährigen Gewächsen, die sich für einen Rückschnitt anbieten. Schneiden Sie zuerst die Wurzeln zurück, die Sie beim Einsetzen in einen Anzuchttopf entflechten und ausbreiten.

Wurzelnackte Pflanzen aus der Baumschule

Ältere Gehölze ohne Wurzelballen kosten einiges weniger als vergleichbare Pflanzen im Container. Bei dieser Ware handelt es sich um frisch ausgegrabene, an der Wurzel stark geschnittene Pflanzen. Diese müssen sich erst im Topf erholen. Die Gestaltung beginnt ein oder zwei Jahre später.

Halbfertige Bonsai

Mit bereits vorgezogenen Rohlingen aus dem Bonsai-Fachhandel können Sie ebenfalls sofort in die Gestaltung einsteigen. Das Angebot reicht von auf die Gestaltung vorbereiteten Jungpflanzen bis hin zu zwanzig- bis fünfzigjährigen Gehölzen. Letztere haben aufgrund der langen Pflegezeit ihren Preis. Sie bringen dafür einen flachen, kompakten Wurzelballen, eine vorgestaltete Form und alle Voraussetzungen für eine problemlose Kultur in der Schale mit sich.

Bereits vorgestaltete, fünf- bis sechsjährige Gehölze benötigen lediglich noch etwas Feinschliff, z. B. eine bessere Verzweigung.

Die Schale als passende Ergänzung

Eine Schale hat für den Baum mehrere Funktionen und lässt sich daher nicht einfach auf ein Accessoire reduzieren. Sie ist Wurzelschuh und Lebensraum in einem, und sie unterstützt die Wirkung der Pflanze.

Auf der Suche nach der passenden Schale hatte man es bis vor Kurzem leichter: Nur ein begrenztes Sortiment in den Farben Weiß, Grün, Blau und Braun stand zur Auswahl. Die meist rechteckigen Gefäße waren außerdem oft zu tief oder zu flach. Ein befriedigendes Ergebnis war damit kaum zu erzielen. Schließlich erfüllen die Schalen mehr als nur den Zweck, den kleinen Bäumen einen Raum für ihre Wurzeln anzubieten. Sie stellen eine optische Ergänzung des Bonsai dar, die seine Schönheit aufwertet und unterstreicht, ganz so, wie ein wertvolles Bild durch einen passenden Bilderrahmen gewinnt. Heute gibt es ein reiches Sortiment. Darunter das Richtige zu finden, ist schon eine Herausforderung. Die Hinweise auf diesen Seiten sollen Sie dabei unterstützen.

Das große Angebot erlaubt, für jeden Bonsai problemlos die passende Schale zu finden.

Das kleine Einmaleins der Schalenkunde

Früher stammten hochwertige Pflanzgefäße aus Japan. Inzwischen gibt es europäische Töpfer, die so kreativ arbeiten, dass deren Produkte auch in Japan geschätzt werden.

Material und Glasur

Bonsai-Schalen werden aus Tonmischungen unterschiedlicher Herkunft gefertigt. Diesen mischt man Zuschlagstoffe bei, z. B. Sand oder Schamotte. Dadurch entstehen Grundfarbtöne, die von rötlich bis fast schwarz variieren.
Schalen für die Kultur im Freien sollten frostfest sein. Dafür eignen sich bei hohen Temperaturen gebrannte Tongefäße. Einige Schalen belässt man nach dem Brand so, wie sie sind, um den aussagekräftigen Eindruck des unverfälschten Brandes nicht zu verdecken. Das Äußere der meisten Schalen erhält jedoch eine Glasur in den verschiedensten Farben.

Der Aufbau einer Schale

Gefäße für Bonsai weisen eine große Bandbreite an Formen auf: rechteckig, mit abgerundeten oder eingezogenen Ecken, oval, rund, flach oder hoch. In

Die weit herunterreichende Birkenfeigenkaskade braucht eine entsprechend hohe Schale.

der Regel stehen sie auf Füßen, die sicherstellen, dass die Luft darunter zirkulieren kann. Darauf ruht der Gefäßboden. Er hat eine der Schalengröße angemessene Anzahl von größeren Löchern, die überschüssiges Gießwasser ungehindert abfließen lassen. Mehrere kleine Löcher ermöglichen das Durchführen des Befestigungsdrahts (› Seite 68) sowie zusätzliche Dränage.
Die Seitenwände sind senkrecht oder nach außen bzw. innen gewölbt. Ihre Oberfläche kann glatt, mit Mustern oder einer Struktur versehen sein.

Perfekte Abstimmung

Wird bei einer Bonsai-Ausstellung nur die Schale gelobt, war sie für diesen Baum nicht die richtige Wahl. Schließlich sollte sie den Typ der gestalteten Pflanze lediglich unterstreichen. Dazu muss sie sich dezent im Hintergrund halten und darf nicht vom Bonsai ablenken. Stimmen Sie Größe, Form und Farbe der Schale also gut auf Ihren Baum ab.

Harmonische Proportionen

Als Faustregel für die passende Größe einer Schale gilt, dass ihre Länge etwa 30–50 % der Höhe des Bonsai entsprechen sollte. Je länger das Gefäß ist, desto flacher kann es sein, und umgekehrt.
Das Verhältnis von Stammdicke zu Schalentiefe beträgt im Idealfall 1:1, denn zu flache Gefäße wirken bei stärkeren Stämmen nicht stimmig. Können Sie nur einmal pro Tag gießen, sollten Sie sich für die Gesundheit der Bäume entscheiden. Wählen Sie eine tiefere Schale, auch wenn es nicht perfekt aussieht. Dies kann man mit einem optischen Trick etwas ausgleichen: Ein oder mehrere Schmuckränder lassen tiefe Gefäße leichter wirken.

Farbe und Form

Zu Bäumen mit »weicher« Kontur passen ovale Schalen oder rechteckige mit runden Ecken. Je strenger das Erscheinungsbild ist, umso »eckiger« können die Schalen ausfallen.

- Kaskaden oder Halbkaskaden setzt man, aus optischen und statischen Gründen, in hohe Schalen.
- Wälder und Gruppen kommen auf sehr flachen Schalen sowie auf dünnen, unregelmäßig geformten Steinplatten am besten zur Geltung.
- Der dunkle Ton unglasierter Gefäße passt gut zur Rindenstruktur und -farbe von Nadelgehölzen. Alternativ verwendet man dafür Glasuren in zurückhaltenden Tönen.
- Bei Laubgehölzen bieten sich Schalen mit glasierten Außenseiten an (die Innenseite sollte immer unglasiert sein!). Dabei sollten Sie berücksichtigen, welche Eigenschaft des Baumes Sie betonen möchten. Soll die Schale die Farbe der Blüte im Frühjahr aufnehmen? Soll attraktives Laub im Sommer unterstrichen werden? Braucht die Herbstfärbung oder der Fruchtbesatz ein entsprechendes Farbenecho? Selbst Farbe und Struktur der Rinde, die im Winter die Hauptrolle spielt, können ein Kriterium für die Wahl der Schalenfarbe sein.

Tipp

SO PFLEGEN SIE IHRE BONSAI-SCHALEN

Mit der Zeit lagert sich auf den Schalen Kalk aus dem Gießwasser ab. Zur Vorbeugung wischen Sie die Schale vor der Bepflanzung mit einem ölhaltigen Lappen ab. Dadurch wird das Wasser abgewiesen, und Kalk kann sich nicht festsetzen. Dafür empfehle ich ein Blattglanzspray. Starke Verschmutzungen strahlt man mit dem Hochdruckreiniger ab, der die »Patina« verschont.

So setzen Sie Ihre Bonsai in Szene

Ein sorgfältig über Jahre hinweg gestaltetes, lebendes Kleinod verdient eine Präsentation, durch die es richtig zur Geltung kommt. Das gilt im Haus genauso wie auf der Terrasse oder im Garten.

Die Bonsai-Kultur umfasst mehr als nur die Gestaltung und Pflege von Bäumen in der Schale. Schließlich gleichen die Bäumchen Kunstwerken, die im angemessenen Rahmen präsentiert werden sollten.
In Fernost werden Bonsai gern für kurze Zeit ins Haus geholt. Da dort andere klimatische Verhältnisse herrschen als bei uns, kommen bei uns dafür, mit wenigen Ausnahmen, nur einige exotische Pflanzenarten infrage (› Seite 34/35). Auch für die draußen gezogenen Bonsai gibt es Wege, sie gut zur Geltung zu bringen.

Der austreibende Ahorn und Spatzen auf dem Rollbild symbolisieren den Frühling.

Die japanische Bonsai-Präsentation

In traditionellen Wohnräumen Japans gibt es eine Meditationsnische, die Tokonoma. Früher bestückte man sie mit Ikebana. Heute präsentiert man dort auch Bonsai.

Elemente der Tokonoma

Für Japaner dient die Tokonoma als Ort der Entspannung und Konzentration. Die meditative Beschäftigung mit den einzelnen Elementen und deren Zusammenhang führt zu einer inneren und äußeren Ruhe. Wer die Bedeutung der Elemente der Tokonoma kennt und verinnerlicht, kann auch als Europäer derartige Präsentationen im Haus inszenieren und verstehen (› Abb.).
Die Größe einer Tokonoma hängt von den Maßen der Ablage, einer Tatamimatte, ab. Sie liegt zwischen 180 × 80 cm und 200 x 100 cm. Die Höhe der Tokonoma beträgt etwa 220 cm. Im oberen Bereich werden 25 cm breite Blenden angebracht. Dahinter montiert man Lampen, die die Tokonoma ausleuchten.
Klassische Elemente der Meditationsnische sind ein Bonsai, ein Tisch oder eine Platte, eine Beistellpflanze, ein Stein oder eine Bronzefigur mit Unterlage. Weiterhin gehört dazu ein Rollbild, das einen Zusammenhang zwischen der gezeigten Pflanze und der Jahreszeit aufweist. Von diesen Elementen wählt man pro Präsentation zwei oder drei aus, je nach der Größe des Bonsai.

Japanische Tokonomagestalter tauschen die Bestandteile ihrer Präsentation regelmäßig aus. Dabei stimmen sie die Inhalte auf die jeweilige Jahreszeit ab. Falls eine Beistellpflanze verwendet wird, zeigt diese die aktuelle, besser aber noch die bald eintreffende Jahreszeit. Sie soll die Sehnsucht auf die kommenden Monate wecken und auf die Veränderung der Jahreszeiten einstimmen.

Auf den schlichten Holzsockeln vor einer Bambusmatte stehen die Bonsai im Garten auf einer idealen Betrachtungshöhe.

Moderne Inszenierung im Wohnraum

Mit den entsprechenden Pflanzenleuchten können Sie Bonsai ohne Einschränkungen im Raum präsentieren. Dafür eignen sich dekorative Säulen. Nutzen Sie die gesamte Raumhöhe! Mehrere Säulen im Block nebeneinander ergeben schon die Möglichkeit, die Natur im kleineren Maßstab »zum Anfassen« in der Wohnung zu inszenieren.

Freiland-Bonsai auf Urlaub im Zimmer

Bonsai, die eigentlich im Freien kultiviert werden, dürfen ausnahmsweise den Wohnraum schmücken. Schließlich möchte man seine kleinen Kostbarkeiten präsentieren, z. B. wenn es etwas zu feiern gibt oder die Bäume Früchte tragen. Die Voraussetzungen sind, dass es hell genug und nicht zu warm und lufttrocken für die Pflanzen ist. Selbst dann sollten sie nur für ein paar Tage im Haus bleiben. Gewöhnen Sie die Bonsai danach an einem vor praller Sonne geschützten Ort wieder ans Freie, bevor Sie sie an ihren angestammten Platz stellen.

Regale für Garten, Terrasse und Balkon

Niemand legt ein Gemälde auf den Fußboden, um es zu genießen. Das Gleiche gilt für Bonsai: Ihre Schönheit kann man nur erfassen, wenn sie auf Augenhöhe mit uns stehen.
Für die Präsentation im Freien können Tische und im Boden verankerte Podeste aus Naturstein oder anderen wetterfesten Materialien dienen.
Wer mehrere Exemplare besitzt, ordnet die Bonsai lieber in speziell dafür bestimmten Regalen an. Sie werden üblicherweise mit einer Rückwand versehen, denn vor einem ruhigen Hintergrund kommen die Bäumchen besser zur Geltung. Dafür verwendet man gerne Bambusmatten, Flechtzäune oder Holzflächen. Sehr stilecht sind asiatische Trennwände mit Sprossenfeldern aus Milchplexiglas. Davor zeichnen sich die Silhouetten der Bonsai besonders gut ab.

Stellhöhe anpassen

Ob drinnen oder draußen: Bevor Sie sich für ein Regal oder eine andere Aufstellmöglichkeit entscheiden, sollten Sie sich überlegen, ob Sie Ihre Bonsai meistens von einem bequemen Sessel aus betrachten möchten. Probieren Sie aus, wie hoch das Regal dann sein muss, damit Sie die beste Perspektive haben.

Pflegeprogramm für Bonsai

Bevor Sie mit der eigentlichen Gestaltung eines Bonsai beginnen können, sollten Sie einige praktische Dinge sicherstellen: Nur wenn die Pflanze sich bei Ihnen richtig wohlfühlt, wird sie sich zu einem lebenden Schmuckstück entwickeln. Hier finden Sie alles, was Sie zur richtigen Pflege wissen müssen.

Die Voraussetzung für die erfolgreiche Gestaltung eines Bonsai ist eine ihm entsprechende Behandlung. Bei dieser Spezialkultur bildet natürlich das passende, perfekt gepflegte Werkzeug die Basis (› Seite 28–31). Ebenso wichtig ist es, zu wissen, welche die Grundbedürfnisse der Pflanzen sind.

Bonsai-Einsteiger

In Japan erlauben Bonsai-Meister ihren Auszubildenden erst nach drei Jahren, die Gießarbeit zu übernehmen. Das zeigt, welch hohen Stellenwert die fachgerechte Pflege der wertvollen Baumzwerge dort genießt. Trauen Sie sich das ruhig auch zu! Selbst als Einsteiger vermögen Sie Ihren Bonsai das zu bieten, was sie brauchen. Die folgenden Kapitel begleiten Sie Schritt für Schritt auf dem richtigen Weg.

Pflegeleichtigkeit wählen

Es ist immer leichter, mit der Natur zu arbeiten, statt gegen sie. Den Grundstein für eine problemlose Bonsai-Kultur legen Sie also, indem Sie zuerst schauen, welchen Standort Sie Ihren Bonsai anbieten können (› Seite 32/33). Danach wählen Sie die Gehölzart oder -arten aus, die unter diesen Bedingungen gut gedeihen. Einige wenige nehmen sogar mit einem Platz im Haus vorlieb, wenn man dafür sorgt, dass sie genügend Licht abbekommen (› Seite 34/35). Dieses kann notfalls sogar aus der Steckdose stammen.

Zufriedene Bonsai

Die Bonsai-Meister haben schon recht: Die Bäume in der Schale erfordern etwas mehr Geschick als andere Topfgewächse. Wenn Sie wissen, worauf es beim Gießen (› Seite 36/37), bei der Substratwahl und beim Düngen (› Seite 38/39) ankommt, können Sie aber fast nichts falsch machen. Leider zeigen auch Blattlaus & Co. Interesse an Bonsai. Das brauchen Sie jedoch nicht hinzunehmen! Werden Sie die Plagegeister so schnell wie möglich los (› Seite 40–43). Frost kann Ihren Schützlingen mit den von mir erprobten Methoden zur Überwinterung (› Seite 44/45) ebenso nichts anhaben.

Wenn sich die Bonsai bei Ihnen wohlfühlen, verdanken sie es Ihnen wie die Azalee (links oben) mit prächtigen Blüten oder einem stattlichen Wuchs wie der Japanische Ahorn (rechts).

Das nötige Bonsai-Werkzeug

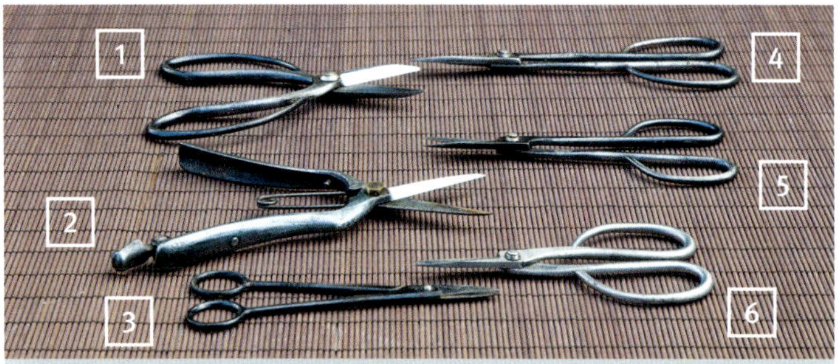

DAS SCHERENSORTIMENT

Eine kräftige Schere (1) eignet sich für gröbere Arbeiten an Ästen bzw. Wurzeln bis 6 mm Durchmesser. Feinere Scheren (3) werden dagegen für den Blattschnitt eingesetzt.
Die Profischere (2), die eher einer Gartenschere ähnelt, dient dem allgemeinen Ast- und Wurzelschnitt.
Lange Scheren (4+5) erleichtern das Arbeiten an Ästen, die innerhalb der Krone wachsen. Die kurze Schere (6) braucht man für den Feinschnitt an Ästen und Blättern.

ALLES FÜRS UMTOPFEN

1+2 Stamm und Wurzelansatz reinigt man mit der Messingbürste (1), Astgabeln und Astansätze mit der Rundbürste (2).

3+4 Die kleine Wurzelkralle (3) ist zum Auskämmen der Wurzeln nötig, die große (4) zum Ausräumen des alten Substrats.

5 Die Einzelkralle lockert das Wurzelwerk.

6 Ein Winkelmesser hilft dabei, den Wurzelballen aus der Schale freizuschneiden.

7 Sicheln lösen Wurzelballen aus der Schale.

8 Eine Erdschütte erleichtert das Einfüllen des Pflanzsubstrats in die Schale.

ZANGEN UND SÄGEN

Knospenzangen (1+2) benötigt man für Äste mit Durchmessern ab 6 mm. Ihre gerundete, oben sitzende Schneide erlaubt den frontalen Ast- oder Wurzelschnitt direkt am Stamm. Konkavzangen haben die Schneide seitlich. Beide Zangen erzeugen nach innen gewölbte Wunden, die besser überwallt werden können, ohne dass sich hässliche Wülste bilden. Rundkonkavzangen (3) kombinieren die Vorteile von Knospen- und Konkavzange. Die feine Astsäge (4) kommt zum Einsatz, wenn ein genauer Schnitt gefordert ist. Mit der großen Säge (5) erledigen Sie gröbere Ast- und Wurzelschnitte.

Es gibt keine gärtnerische Kultur, bei der Schnitt und Formgebung eine so zentrale Rolle spielen wie beim Bonsai. Für die verschiedenen Techniken gibt es eine Vielzahl an speziellen Werkzeugen und Hilfsmitteln.

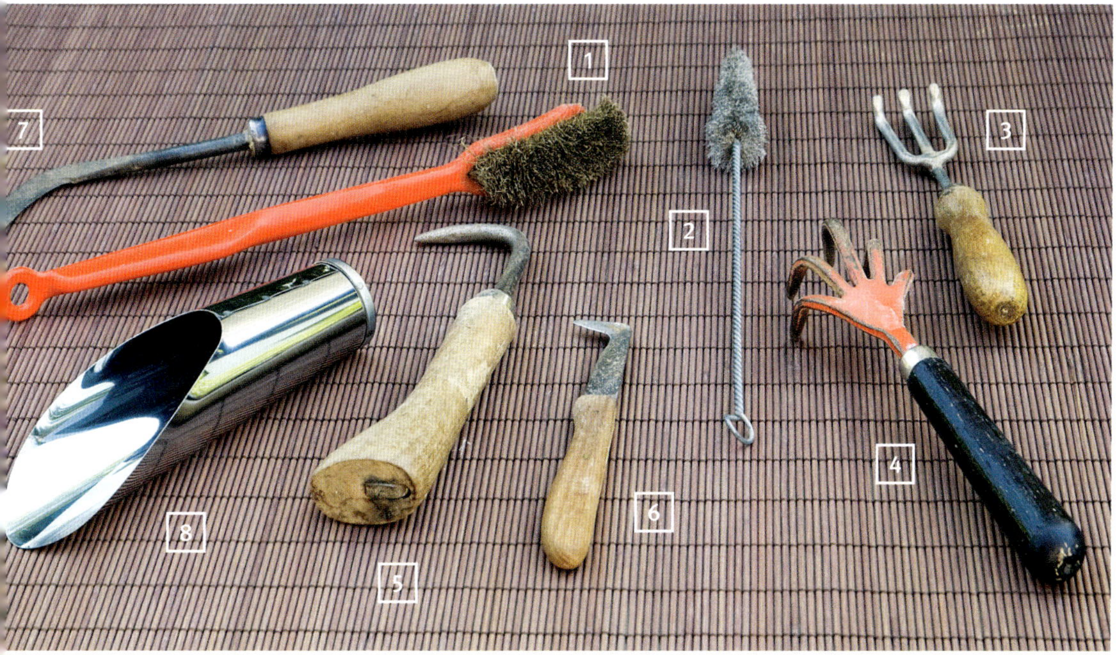

'ERKZEUG UND DRAHT ZUR FORMGEBUNG

it der Drahtschere (1) schneiden Sie die Drähte in der enötigten Länge zurecht. Die Jin-Zange (2) braucht an zum Entrinden und zum Drahten. Zwingen (3) foren Äste und Stamm. Kupfer- und Aluminiumdraht (4) verschiedenen Dicken ist ein wichtiges Hilfsmittel zur rmgebung. Biegewerkzeug (5) wird für das Formen cker Äste eingesetzt.

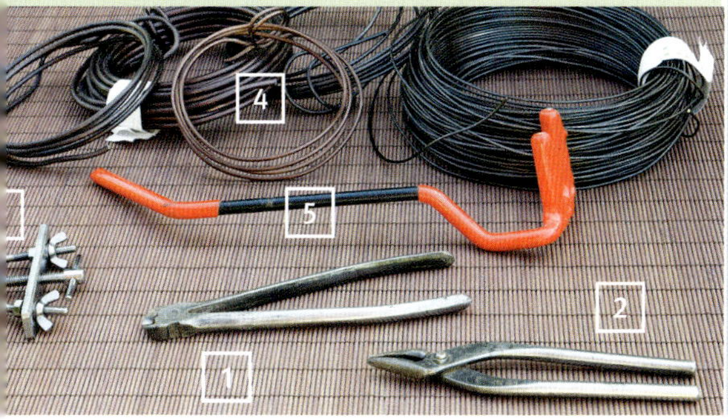

WICHTIG: WUNDVERSCHLUSSMITTEL

Alle Schnitte mit einem Durchmesser größer als 3–5 mm sollten mit einem Wundverschlussmittel bestrichen werden. Dadurch schützen Sie die Schnittstelle vor Austrocknung und vor dem Eindringen von Schaderregern. Dafür können Sie grundsätzlich jedes dafür angebotene Produkt im Handel verwenden, vorausgesetzt, es lässt sich leicht und rückstandslos wieder entfernen, wenn man es erneuern will oder die Wunde verheilt ist.

>PRAXIS

Scharfe Klingen und Sägeblätter

Die erfolgreiche Entwicklung eines Bonsai hängt auch von gut funktionierendem Werkzeug ab. Wird es regelmäßig gepflegt, erhöhen Sie die Präzision der Schnitte und sichern eine lange Lebensdauer.

Ein sauberer Schnitt ist für die Entwicklung von Bonsai unerlässlich. Ist er faserig, können die Wunden nicht glatt verheilen. Mit stumpfem Werkzeug passieren obendrein mehr Unfälle als mit scharfem. Reinigen Sie Ihre Hilfsmittel also nach Gebrauch und sorgen Sie dafür, dass sie immer im besten Zustand sind.
Werkzeug aus Kohlenstoffstahl rostet, wenn es feucht wird. Doch es bleibt wesentlich länger scharf als solches aus rostfreiem Edelstahl. Halten Sie es daher möglichst trocken und ölen Sie es leicht mit Nähmaschinenöl ein. Dann haben Sie lange Freude daran.

Gepflegte Scheren

Gute Scheren verfügen über eine Innenfeder. Diese bewirkt eine Vorspannung, die das Öffnen und Schließen erleichtert. Dabei gleiten die Schneiden aneinander vorbei. Sind die Schneiden durch den Gebrauch schartig geworden, verursacht das weitere Kerben. Spätestens dann müssen Sie die Schere nachschleifen.

Richtig nachschleifen

Die Schneiden der Scheren dürfen nur auf der Außenseite geschärft werden. Hierzu dienen Schleifsteine, die es in unterschiedlichen Größen und Körnungen gibt. Den letzten Feinschliff geben Sie Ihren Werkzeugen mit einem Granitstein. Er glättet ganz sanft die Oberfläche.
Wenn Scheren auf die Spitzen ihrer Schneiden fallen, brechen diese leicht ab. Hier hilft nur, die Schneiden einzukürzen und so lange an der Außenseite nachzuschleifen, bis sie wieder Spitzen haben.

Den Niet justieren

Scheren werden meist mit einem Niet zusammengehalten. Das hat einen Nachteil: Er leiert bei längerem Gebrauch aus. Die Schere bekommt dadurch ein zu großes Spiel: Sie schneidet nicht mehr, sondern quetscht. Sie können das Spiel durch einige gefühlvolle Schläge mit dem Hammer auf den Niet wieder einstellen. Legen Sie die Schere dafür mit dem Niet auf einen Amboss oder ein ähnliches Gegenlager. Ölen Sie das Gelenk bei dieser Gelegenheit, dann schneidet die Schere auch wieder leichter.

Scharfe Zangen

Wenn größere Äste oder Wurzeln entfernt oder Totholz bearbeitet werden soll, kommen Knospenzange, Konkavzange und Rundkonkavzange (› Seite 28) zum Einsatz. Ihre Besonderheit sind die gerundeten Schneiden. Damit kann

Tipp

VORSICHT BEIM UMGANG MIT WERKZEUG!

Scharfes Werkzeug sollten Sie nur mit äußerster Konzentration verwenden. Setzen Sie die Schnitte immer so, dass sie vom Körper wegführen. Legen Sie für alle Fälle Erste-Hilfe-Ausrüstung bereit.
Bewahren Sie das Werkzeug für Unbefugte unzugänglich auf und versehen Sie es zusätzlich mit einem Klingen- und Spitzenschutz (Kunststoffschienen, Korkaufsätze).

1

ospenzangen schärfen
hren Sie einen Wetzstahl oder
ɹchten Schleifstein mit locke-
Hand über den Anschliff an
r Außenseite der Zangen-
nge. Die Hand folgt dabei der
ngenkontur, um einen gleich-
ißigen Abtrag zu erzeugen.

2

Der gewisse »Überbiss«
Die Schneiden treffen bei Konkav- und Knospenzange nicht exakt aufeinander, sondern schneiden knapp aneinander vorbei. Nur wenn kein Spalt dazwischen zu sehen ist, scheiden sie sauber und hinterlassen glatte Ränder.

3

Werkzeuge reinigen und ölen
Regelmäßige Pflege sichert die Funktionstüchtigkeit und Lebensdauer der Werkzeuge. Reinigen und desinfizieren Sie sie nach jedem Einsatz mit Spiritus. Zum Schluss Nähmaschinenöl an aufeinandergleitende Teile geben.

man den Ast direkt am Stamm entfernen, ohne einen Stummel zu hinterlassen.

Exakter Schliff ist nötig

Das normale Nachschleifen der Zangen können Sie selbst vornehmen (› Abb. 1), da dabei nur wenig Material abgetragen wird. Bei größeren Korrekturen sollten Sie dies jedoch besser einem erfahrenen Werkzeugschleifer überlassen: Die teils runden Schneidenformen schneiden nur präzise, wenn sie richtig geschliffen worden sind. Nach dem Schleifen müssen die Schneiden mit einem kleinen Versatz, dem sogenannten »Überbiss«, aneinander vorbeigehen (› Abb. 2). Träfen sie direkt aufeinander, würden sich die Klingen gegenseitig stumpf machen.

Auch bei Zangen muss man hin und wieder den Befestigungsniet am Gelenk nachschlagen. Im Anschluss ist das Schleifen der Schneidklingen nötig, weil sie dann nicht mehr exakt aneinander vorbeischneiden. Es gibt auch Zangen mit Schraubverbindung, die man durch Drehen an der Schraube leichter nachjustieren kann.

Feine Sägen

Wenn größere Äste oder Wurzeln zu entfernen sind, kommen Sägen zum Einsatz. Die für Bonsai verwendeten Werkzeuge zeichnen sich in der Regel durch besonders feine Sägeblätter aus. Diese erlauben einen sehr glatten Schnitt. Das lässt die Wunde besser heilen. Sollten dennoch Fasern am Wundrand verblieben sein, schneidet man ihn mit einer gebogenen Baumschul-Hippe oder mit einem Veredlungsmesser nach. Manche Gestalter ziehen für das Glattschneiden einen speziellen Stechbeitel oder Ziehklingen vor. Seien Sie damit vorsichtig: Diese Werkzeuge sind sehr scharf!

»Wartung« beim Profi

Lassen Sie Ihre Werkzeuge gelegentlich von Grund auf von einem Fachmann überholen. Er schärft die Schneidklingen richtig nach, stellt das Spiel im Gelenk ein und überprüft die Vorspannung bei Scheren. Lassen Sie sich diesbezüglich von Ihrem Bonsai-Fachgeschäft einen erfahrenen Spezialisten empfehlen.

Artgerechte Standorte für Bonsai

Wenn sich ein Baum an seinem Platz wohlfühlt, gedeiht er auch gut. Wählen Sie Ihre Pflanzen also nach den Licht- und Temperaturbedingungen aus, die Sie ihnen bei sich zu Hause bieten können.

Mit der Natur zu arbeiten ist immer die Methode, die bei minimalem Pflegeaufwand am meisten Erfolg verspricht. Suchen Sie sich also die Pflanzenarten aus, die solche Standortverhältnisse schätzen, wie sie bei Ihnen vorherrschen. Eine entscheidende Rolle spielt die Herkunft der Gehölze. Darüber geben Ihnen die Porträts (› ab Seite 114) Auskunft. Seien Sie sich dessen bewusst, dass es den absolut idealen Standort in der Regel nicht gibt. Andererseits gibt es Kniffe, dem Bonsai in solchen Fällen etwas entgegenzukommen.

Auf den Regalen können Licht, Luft und auch Regen rundum auf die Pflanzen einwirken.

Die Kultur im Freien

Die vorherrschenden Licht- und Temperaturbedingungen im Garten sowie auf Terrasse und Balkon hängen von der Himmelsrichtung ab. Welche Arten sonnige Bereiche vorziehen und welche lieber im Halbschatten stehen, entnehmen Sie bitte den Porträts (› ab Seite 114).

Süden: Platz an der Sonne

Ein nach Süden ausgerichteter Garten bekommt bei schönem Wetter sehr viel Sonne ab. Daher eignet er sich als Standort für die Sonnenanbeter unter den Gehölzen.

Im Frühjahr belässt man die Pflanzen gern in der vollen Sonne, weil dann der Austrieb gut abhärten kann. Das vertragen selbst die feinblättrigen Ahornsorten, ohne Blattschäden davonzutragen.

Beschattungsnetze gegen Mittagshitze und Hagel

Im Juni jedoch, wenn Temperaturen von bis zu 30 °C zu erwarten sind, ist die pralle Mittagssonne oft zu viel des Guten. Um den Lichteinfall besser dosieren zu können, verwenden Bonsai-Gärtner Beschattungsnetze. Hat man nur wenige Bäume, reicht es aus, das Netz bei Bedarf aufzuspannen. Bei mehreren Exemplaren ist eine auf Stahlseilen verschiebbare Beschattung praktischer: So muss man das Netz selbst bei länger anhaltenden Regenperioden mit weniger Lichteinstrahlung nicht komplett abbauen.

Beschattungsnetze schützen Bonsai vor zu starker Sonneneinstrahlung und Hagel.

Wählen Sie bitte keine Netze, wie sie zum Schutz der Obstbäume gegen Vögel verwendet werden. Leisten Sie sich die dichteren und stabileren speziellen Beschattungsgewebe. Diese haben einen doppelten Nutzen, denn sie halten auch einem Hagelschauer sicher stand. Im Handel finden Sie Netze in verschiedenen Schattierungsstufen. Für die Bonsai-Kultur wählt man in der Regel die Standardprodukte mit 40–60 % Abschattung.

Westen: die Wetterseite

Die nach Westen orientierten Gartenpartien liegen etwa ab Mittag in der Sonne. Da die Temperatur im Tagesverlauf ansteigt, stehen die Bonsai hier im wärmeren Halbschatten. Außerdem sind sie hier stärker den Niederschlägen und dem Wind ausgesetzt, weil das Wetter bei uns meist aus südwestlicher Richtung kommt.

Osten: geschützte Lage

Nach Osten ausgerichtete Gärten liegen ab der Mittagszeit im Halbschatten. Dadurch bleiben sie kühler und weisen eine höhere Luftfeuchtigkeit auf. Außerdem sind diese Bereiche gut vor Wind sowie gegen Früh- bzw. Spätfröste geschützt. Hier finden die Arten einen guten Platz, die weniger Sonne benötigen.

Norden: eher ungeeignet

Nördliche Gartenbereiche, die zudem im Schlagschatten des Hauses liegen, erhalten wenig bis gar keine Sonne. Sie bleiben auch im Sommer meist kühl und eher ungemütlich. Hier fühlen sich nur ausgesprochene Schattenpflanzen wohl, wie die Europäische Eibe. Solche Lagen sollte man nur nutzen, wenn wirklich gar kein anderer Platz zur Verfügung steht.

Besonderheiten auf Terrasse und Balkon

Auf den Sitzplätzen am Haus herrscht ein besonderes Kleinklima. Das liegt an den Bodenbelägen und den Wänden. Je heller sie sind, desto stärker reflektieren sie die Sonnenstrahlen. Stehen die Bonsai vor einer hellen Wand, bekommen sie demnach auch von hinten etwas Licht ab. Je dunkler Bodenbeläge und Wände sind, desto stärker speichern sie die Wärme. Bei Nacht, wenn es kühler wird, geben sie diese wieder an die Pflanzen ab. Diese Eigenschaften bringen leider nicht nur Vorteile:

- Auf nach Süden ausgerichteten Terrassen kann es im Sommer sehr heiß werden. Helfen Sie sich in solchen Fällen mit Beschattungsnetzen weiter.
- In der Nähe von Wänden wird die Luft bei Sonne schnell trocken. Das begünstigt einen Befall mit Spinnmilben.
- Im zeitigen Frühjahr wird es an nach Süden ausgerichteten Wänden tagsüber warm. Das regt die Gehölze an, auszutreiben. Wird das Wetter wieder kälter, erfrieren die Knospen bzw. die jungen Triebe.
- Im Frühjahr und Herbst kommt es durch die hohen Temperaturunterschiede zwischen Tag und Nacht ebenfalls leicht zu Frostschäden und Rissen in der Rinde.
- Auf nach Westen weisenden Terrassen herrscht ein ähnliches Kleinklima wie auf den nach Süden gerichteten, jedoch weitaus weniger extrem.

Bonsai auf Veranden und Pergolen

Veranden und Pergolen kommen ebenfalls für die Bonsai-Kultur in Betracht. Je nach ihrer Bauweise und Lage bieten sie sowohl schattigere als auch sonnigere Bereiche. Bei überdachten Veranden kann das Licht jedoch stark abgeschwächt bei den Pflanzen ankommen. Diese Verhältnisse sind mit den Bedingungen im Haus zu vergleichen (› Seite 34/35). Prüfen Sie daher die Lichtverhältnisse und drehen Sie die Pflanzen regelmäßig, damit sie gleichmäßig wachsen.

Die Bonsai-Kultur im Haus

In Wohnräumen herrschen Bedingungen, die für das gesunde Pflanzenwachstum nicht gerade ideal sind. Nur wenige Arten kommen damit zurecht. Mit ein paar Kniffen kann man ihnen das Leben erleichtern.

Wer Bonsai keinen geeigneten Standort im Freien anbieten kann, ist auf tropische, subtropische und mediterrane Arten angewiesen. Leider sind unsere Wohnräume für sie nicht der optimale Lebensraum. Das sollte niemanden davon abhalten, es mit exotischen Bonsai, die von der nördlichen Halbkugel stammen, zu probieren.

Diese bei Lichtmangel ausgetriebenen Zweige sind vergeilt und daher lang, blass und schwach.

Es gibt einige Arten, die unkompliziert und robust genug sind, im Raumklima befriedigend zu gedeihen (› Porträts ab Seite 114). Auch können Sie die Wachstumsbedingungen pflanzenfreundlicher gestalten.

Die Kultur im Zimmer

Wenn Sonnenlicht durch eine Fensterscheibe fällt, kommt auf der anderen Seite nur noch ein Teil davon an. Für das Wachstum und die Entwicklung der Pflanzen ist Licht jedoch ein entscheidender Faktor.

Pflanzen brauchen Licht

Neben der Temperatur ist es vor allem das Licht, das die jahreszeitlichen Veränderungen der Bonsai beeinflusst. Die unterschiedlichen Tageslängen und Lichtstärken regen sie zum Austrieb im Frühjahr, zur Blüten- und zur Fruchtbildung an, ebenso zum Speichern der Reservestoffe und zum Abwerfen des Laubes im Herbst.
Stehen die Pflanzen zu dunkel, versuchen sie, sich zum Licht zu strecken. Sie bilden lange, schwache, hellgrüne Triebe, die sogenannten Wasser- oder Geiltriebe. Sie sind weich und daher anfällig für Krankheiten und Schädlingsbefall. Ganz zu schweigen davon, dass ein solcher Wuchs auch keinen schönen Anblick bietet.

Die Fensterbank als Pflanzenstandort

Im Zimmer bekommen die Pflanzen auf der Fensterbank am meisten Licht ab. Je weiter man sie ins Zimmer holt, desto weniger steht ihnen dieser Wachstumsfaktor zur Verfügung. Moderne Wärme- oder Sonnenschutzgläser reduzieren die Lichtmenge weiterhin um etwa 10 % und filtern einen Teil des für die Pflanzen nötigen Wellenspektrums heraus. Wie im Freien hängt die einfallende Lichtmenge auch im Zimmer von der Himmelsrichtung ab. Das bedeutet jedoch nicht, dass es an Südfenstern immer am hellsten ist: Gegenüberstehende Gebäude, tiefer gezogene Dächer, Balkone oder Bäume mindern die Sonneneinstrahlung erheblich.

Die Lichtstärke messen

Unser Auge erkennt diese Unterschiede nicht. Um abzuschätzen, wo die Lichtmenge noch ausreicht, verwendet man ein spezielles Messgerät, Luxmeter genannt. Im Freien misst es Lichtstärken (in der Fachsprache: Beleuchtungsstärken) von 20000 bis 100000 Lux, je nach Jahreszeit und Bewölkung. Wie viel ein Gewächs braucht, hängt von der Herkunft ab. Für das Pflanzenwachstum gelten 2000 Lux über acht Stunden als genug.

Bitte umdrehen!

Pflanzen, die auf der Fensterbank wachsen, entwickeln sich auf der dem Licht zugewandten Seite am besten. Ich empfehle Ihnen, die Bonsai einmal wöchentlich zu drehen. Erstens entwickeln sie sich unter diesen Bedingungen gleichmäßiger. Zweitens bekommen Sie nicht auf Dauer nur deren »Hinterseiten« zu sehen.

Künstliches Licht

Spezielle Pflanzenlampen machen den Standort des Bonsai innerhalb des Raumes vom Fenster unabhängig. Einfache Glühbirnen oder Leuchtstoffröhren reichen dafür nicht aus: Sie geben nicht das von der Pflanze benötigte Lichtspektrum und eine zu niedrige Lichtausbeute ab. Die beste und sparsamste Lösung sind Entladungslampen wie Hochdrucknatrium- oder Quecksilberdampflampen.
Wie lang die Lampen pro Tag leuchten müssen, hängt von der Art sowie in manchen Fällen von ihrem jeweiligen Wachstumsrhythmus ab. Eine Zeitschaltuhr nimmt Ihnen das An- und Ausschalten ab.

Das Klima anpassen

Während der Heizperiode ist die Luftfeuchtigkeit für viele Pflanzen zu niedrig. Gleichen Sie dies mit einem größeren Untersetzer aus, den sie mit wasserspeicherndem Material wie Blähton füllen. Die darauf gestellten Bonsai profitieren von dem durch die Verdunstung verbesserten Mikroklima.

Bonsai in der Sommerfrische

Wenn Sie Platz auf Balkon oder Terrasse haben, sind Ihre Zimmerbäume für eine Sommerpause im Freien sehr dankbar. Räumen Sie sie ab Mitte bis Ende Mai, sobald die Temperatur mindestens 15–20 °C beträgt, hinaus. Gewöhnen Sie sie ein paar Tage an einem vor Wind und Sonne geschützten Platz an ihre neue Umgebung, damit sie abhärten können. Sonst vertrocknet das Laub leicht im Wind oder bekommt Sonnenbrand.

Künstliches Licht ist ein Akzent der Ruhe und Entspannung im Raum. Die Brenndauer sollte zwölf Stunden betragen.

Bonsai richtig gießen

In den für die Bonsai-Kultur üblichen flachen Schalen kann das Substrat unter manchen Umständen schnell austrocknen. Hier finden Sie alles Wichtige, worauf es bei der Wasserversorgung ankommt.

Wasser transportiert die für das Wachstum nötigen Substanzen, ermöglicht Stoffwechselprozesse und sorgt durch Verdunstung über die Blätter für Temperaturausgleich. Es wird über die Faserwurzeln aufgenommen. Bei Trockenheit sterben sie ab. Ist es dagegen zu nass, faulen sie. Hier lohnt es sich, in hochwertige und moderne Substrate zu investieren (› Seite 38/39): Sie sind gut durchlässig und lassen überschüssiges Wasser ablaufen. Außerdem speichern sie Wasser, um es nach Bedarf an die Pflanzen abzugeben.

Mit Test-Streifen lässt sich der pH-Wert ganz einfach ablesen. Im Idealfall liegt er zwischen pH 6,5 und 7.

Profi-Tipps aus der Bonsai-Gießpraxis

Beim täglichen Gießen kommt es darauf an, womit, wann, wie und wie viel Wasser Sie Ihren Bonsai geben.

Härtegrad und pH-Wert

Der Kalkgehalt des Wassers wird in Grad deutscher Härte (°dH) gemessen und reicht von 1–8,4 (weich) über 8,4–14 (mittelhart) bis über 14,1 °dH (hart). Den Härtegrad des Leitungswassers erfahren Sie beim Wasserwerk. Werte von Brunnen-, Teich- oder Bachwasser sollten Sie ermitteln lassen.
Für Bonsai ist leicht saures bis neutrales Wasser mit pH-Werten zwischen 6,5 und 7 ideal. Zum Gießen eignet sich eine Mischung aus Leitungswasser und weichem Regenwasser.

Gerätschaften zum Gießen

Japanische Bonsai-Gießkannen haben einen sehr langen Hals. Damit erreichen Sie gut die gesamte Oberfläche des Substrats in der Schale – auch direkt vor dem Stamm und darum herum. Die sehr feine Brause verhindert, dass Substrat ausgewaschen wird.
Für das Gießen zwischendurch verwende ich eine Ballbrause aus dem Gartencenter, die schnell und effektiv 0,2 l Wasser pro Füllung abgibt.

Der Wasserverbrauch

Wie viel Wasser ein Bonsai braucht, hängt von unterschiedlichen Faktoren ab.

- Manche Arten sind regelrechte »Säufer«, andere eher moderate »Trinker«.
- An sonnigen Standorten verdunstet mehr als an schattigen.
- Warmes bzw. windiges Wetter erhöht den Wasserbedarf.
- Helle Schalen bleiben bei Sonneneinstrahlung kühler. Das mindert die Verdunstung.
- Bei flachen Schalen mit großer Erdoberfläche verdunstet mehr als bei tiefen.
- Moos oder spezielle Abdecksubstrate vermindern die Verdunstung über das Substrat.

Anzeichen für Mangel

Laubgehölze reagieren auf Trockenheit durch schlappe Blätter. Dann sollte zügig gegossen werden. Bei Nadelgehölzen ist Wassermangel schwieriger zu erkennen: Sie sehen selbst nach einem Trockenschaden oft noch lange völlig normal aus, brechen aber dann schnell

zusammen und sind nicht mehr zu retten.
Überprüfen Sie also regelmäßig, ob das Substrat noch feucht genug ist. Heben Sie dafür die Schale hoch: Mit der Zeit merken Sie am Gewicht, ob Wasser fehlt.

Der beste Zeitpunkt

Grundsätzlich sollten Sie gießen, sobald das Substrat gut angetrocknet (nicht ausgetrocknet!) ist. Ob Sie dies morgens oder abends kontrollieren, bleibt Ihnen überlassen. Abends zu gießen kann günstiger sein, weil sich die Pflanze in der kühleren Nacht mit Wasser »vollpumpen« kann. Bei heißem oder windigem Wetter müssen Sie auch schon einmal tagsüber nachgießen.

Die richtige Gießtechnik

Geben Sie so viel Wasser auf das Substrat, bis es durchtränkt ist. Wenn die Erde das Wasser nicht gut annimmt oder eine Moosschicht darauf liegt, gießen Sie mehrmals nach.
Achten Sie darauf, dass hinter dem Stamm kein »Gießschatten« entsteht: Bleibt die Stelle dauerhaft trocken, sterben die Wurzeln darunter ab.
Ist das Substrat sehr trocken geworden, können Sie Bonsai in kleinen Schalen bis zum Rand in Wasser tauchen, bis keine Luftblasen mehr aufsteigen. Gut abtropfen lassen!

Was tun bei Pannen?

Wenn Sie bemerken, dass der Bonsai schlappt, obwohl das Substrat immer feucht ist, ist das ein Anzeichen dafür, dass die Wurzeln durch Trockenheit geschädigt worden sind. Topfen Sie die Pflanze sofort um (› Seite 66–69), egal welche Jahreszeit herrscht. Meistens können Sie sie dadurch retten.

Gießvertretung bei Urlaub

Wenn Sie verreisen möchten, schulen Sie vorher eine Person Ihres Vertrauens, damit sie den Gießdienst zuverlässig übernehmen kann. Sie können Ihre Pflanzen für diese Zeit auch in ein Fachgeschäft für Bonsai bringen. Dort gehört meist noch die weitere Pflege, wie Schneiden und Düngen, mit zum Urlaubsservice.
Von einem automatischen Bewässerungssystem rate ich Ihnen ab: Es gibt dabei zu viele Unsicherheitsfaktoren.

Eine Ballbrause eignet sich für kleinere Bonsai-Sammlungen sowie für das Gießen zwischendurch bei heißem Wetter.

Gute Basis: Substrate und Nährstoffe

Die Wurzeln verankern den Baum im Boden und versorgen ihn mit Wasser und Nährstoffen. Daher ist es wichtig, ihnen ein hochwertiges Substrat sowie eine bedarfsgerechte Düngung zu gönnen.

Zwischen Substrat und Dünger besteht immer ein Wechselspiel: Die Nährstoffe binden sich mehr oder weniger fest an die Substratpartikel und werden wieder freigegeben, z. B. wenn deren Konzentration im Bodenwasser sinkt. Aus diesem Reservoir bedienen sich die Pflanzenwurzeln. Damit ihnen jederzeit die benötigte Menge an Nährstoffen zur Verfügung steht, muss bedarfsgerecht gedüngt werden. Achten Sie dabei nicht nur auf die richtige Dosis und den passenden Zeitpunkt, sondern auch auf die Art des Düngers.

Für Bonsai sind verschiedene mineralische und organische Substrate im Handel erhältlich.

Substrate für Bonsai

Als Spezialkultur benötigen die kleinen Bäume auch Spezialsubstrate. Im Handel gibt es verschiedene Produkte.

- Mineralische Substrate behalten ihre Struktur über Jahre und wirken Staunässe entgegen. Sie vermögen ausgeglichene Nährstoffgehalte und einen günstigen pH-Wert zu schaffen. Andererseits muss man öfter gießen. Nährstoffe können ausgewaschen werden.
- Organische Substrate haben eine gute Wasserhaltekraft. Nährstoffe werden den Wurzeln nach und nach zur Verfügung gestellt. Sie zersetzen sich jedoch schnell. Man muss sie also regelmäßig erneuern.
- Mineralisch-organische Substrate vereinen die Eigenschaften beider Reinformen.

Wichtige Fertig-Substrate

Es gibt einige Produkte, auf deren Namen Sie in der Bonsai-Szene stoßen werden.

- Recht verbreitet ist Akadama aus Japan, das sich für alle Bonsai eignet. Das mineralische Substrat besteht aus offenporigem, hart gebranntem Lehm. Er bleibt auch bei Frost strukturbeständig und bindet selbst kleinste Mengen Flüssigkeit wie Tau. Inzwischen gibt es vergleichbare europäische Produkte, die etwas preisgünstiger sind.
- Für Kiefern und Wacholder hat sich das mineralische Substrat Kiryu bewährt.
- Für Pflanzen, die saure Böden bevorzugen, eignet sich das mineralische Kanuma.

Mineralische und organische Dünger gibt es in flüssiger Form, als feinkörniges Produkt oder als praktische Düngewürfel.

Geeignete Dünger

Während der Wachstumsperiode benötigen Bonsai ständig Nachschub an Nährstoffen. Dafür eignen sich Volldünger, die alle Nährstoffe inklusive Spurenelementen enthalten. In manchen Fällen ist es besser, ein Produkt zu verwenden, das bestimmte Nährstoffe bevorzugt enthält. Es gibt mineralische und organische Dünger in fester oder flüssiger Form.

Organische Dünger

Guano, Hornspäne, Blut- und Knochenmehl sind Bestandteile der organischen Dünger. Sie eignen sich für organische und Mischsubstrate. Diese Düngerform beginnt erst nach etwa 14 Tagen zu wirken. Akute Mangelerscheinungen beheben Sie damit also nicht. Doch sie hat auch einige Vorteile:

- Jede Gießgabe setzt pflanzenverfügbare Nährstoffe frei.
- Überdüngung ist unmöglich.
- Eine einmalige Düngergabe hält längere Zeit vor.
- Auch bei längeren Regenperioden werden Nährstoffe unmittelbar wieder freigesetzt.

Mineralische Dünger

Sie sind meist als Flüssigdünger im Handel und enthalten Nährsalze, die den Pflanzen sofort zur Verfügung stehen. Sie eignen sich für alle Substrate.

- Beachten Sie genau die Dosierungsanleitung, um Überdüngung zu vermeiden.
- Außerdem ist regelmäßiges Nachdüngen erforderlich.
- Bei langen Regenperioden können Nährstoffe aus dem Substrat ausgewaschen werden.

Die sogenannten Depotdünger gleichen diese Nachteile aus: Wie organische Dünger geben sie die Nährstoffe nach und nach an das Substrat ab.

Meine Dünge-Tipps

- Geben Sie mineralische Flüssigdünger lieber in niedriger Konzentration, dafür öfter.
- Wechseln Sie das Düngerprodukt pro Jahr mehrmals: Das beugt einem Mangel an Spurenelementen vor.
- Düngen Sie grundsätzlich nicht in trockenes Substrat.
- Vermeiden Sie starke Düngergaben bei Hitzeperioden.
- Düngen Sie nach längeren Regenperioden kräftig nach.
- Düngen Sie nicht direkt vor dem Beginn der Blüte, sondern zu deren Ausklang, um die Fruchtbildung zu fördern.
- Geben Sie unmittelbar nach dem Umtopfen (› Seite 66–69) keinen mineralischen Dünger.

Tipp

DER FAHRPLAN DURCH DIE DÜNGESAISON

Ab April: Startdüngung mit mineralischem Volldünger.
Mai/Juni: Jetzt können Sie organische oder mineralische Dünger (auch in Kombination) einsetzen.
Juli bis August: Bei Hitze in geringer Konzentration düngen.
September/Oktober: Stickstoffarme Kalium-Phosphat- sowie Eisendünger stärken die Pflanzen vor dem Winter.

Gesunde Bonsai und Erste Hilfe

Ihren großen Vorbildern aus der Natur haben die Bonsai voraus, dass der Mensch eine gute Basis für gesundes Wachstum schaffen und sich obendrein intensiv um seine Schützlinge kümmern kann.

Trotz größter Mühe lässt sich der Befall mit Schädlingen oder Krankheiten nicht vermeiden. Durch Vorbeugung können Sie jedoch viel dazu tun, dass die Bonsai gesund bleiben. Auch sind sie – etwa beim Gießen – leicht auf eventuelle Probleme hin zu prüfen. Schnelles Handeln hält dann die Schäden meist in Grenzen.

Ein gut durchwurzelter Ballen kann zur Kontrolle aus der Bonsai-Schale genommen werden.

Vorbeugen ist besser als heilen

Starke Pflanzen bieten den Angreifern weniger Möglichkeiten, sich breitzumachen. Mit den folgenden Maßnahmen können Sie aktiv dazu beitragen, dass Ihre Bonsai so fit wie möglich bleiben.

- Sorgen Sie dafür, dass die Pflanzen einen ihrer Art entsprechenden Standort haben.
- Lassen Sie ausreichend Licht und Luft an die Bonsai, ohne sie praller Sonne auszusetzen oder im Zug stehen zu lassen.
- Verwenden Sie ein keimfreies, der Gehölzart angemessenes Substrat. Falsches oder überaltertes Substrat ist oft Ursache für Schädlingsbefall.
- Halten Sie das Substrat stets leicht feucht. Trockenheit und Staunässe können die Pflanzen schwächen.
- Achten Sie auf eine kontinuierliche Versorgung mit Nährstoffen. Vermeiden Sie Überdüngung: Zu viel Stickstoff hat starken Austrieb mit weichem Gewebe zur Folge, das für den Befall mit Schädlingen und Krankheiten anfälliger ist.
- Gewöhnen Sie es sich an, alle Pflanzenteile regelmäßig auf einen Befall zu überprüfen. Es ist sinnvoll, dies beim täglichen Gießen gleich mitzuerledigen.
- Führen Sie Schnitt- und Gestaltungsmaßnahmen fachgerecht aus (› ab Seite 48).
- Legen Sie beim Umtopfen (› Seite 66–69) die Wurzel bis unter den Stamm frei: Hier sammeln sich gern die meisten Erdschädlinge.

Achten Sie auf die Hygiene

Je weniger Bonsai mit Schädlingen und Krankheitserregern in Berührung kommen, desto besser. Legen Sie daher einen großen Wert auf Hygiene:

- Trennen Sie kranke Bonsai immer räumlich von gesunden Exemplaren.
- Entsorgen Sie kranke Pflanzenteile und Schädlinge über den Hausmüll, nicht über den Kompost. Von Monilia (› Seite 43) befallene Triebe verpacken Sie am besten vorher zusätzlich in Plastiktüten.
- Reinigen und desinfizieren Sie Ihr Werkzeug öfter, auch wenn Sie nur an einer einzigen kranken Pflanze arbeiten.
- Desinfizieren Sie gebrauchte Schalen, bevor Sie sie wieder verwenden.

Sanfte Mittel zuerst

Wenn Sie häufig nach Schädlingen oder Krankheitssymptomen Ausschau halten, haben diese keine Chance, sich groß auszubreiten. Da reicht es meist, die Tiere abzusammeln, abzustreifen oder mittels eines

Überprüfen Sie Ihre Bonsai regelmäßig auf Schädlings- und Krankheitsbefall. Schädlinge sitzen oft auf der Blattunterseite.

Wasserstrahls abzuspritzen. Pflanzenteile mit Pilzerkrankungen schneiden Sie so tief wie nötig zurück. Sobald an der Schnittstelle keine schwarzen Punkte mehr erkennbar sind, ist der Pilz entfernt.

Auf Nützlinge vertrauen

Lernen Sie, »Freund« und »Feind« auseinanderzuhalten. Marienkäfer, ihre Larven sowie die Larven der Schwebfliegen räumen kräftig unter Blattläusen auf. Sind sie auf der befallenen Pflanze unterwegs, können Sie ihnen die Beseitigung der Schädlinge überlassen. Der Erfolg macht sich meist schon über Nacht bemerkbar.
Es gibt heute aber auch gute Möglichkeiten, diese Verbündeten gezielt einzusetzen: Im Fachhandel erhalten Sie Nützlinge gegen Blattläuse und Spinnmilben, die vor allem im Wintergarten oder im Gewächshaus gute Dienste leisten. Sehr hilfreich sind räuberische Nematoden (Fadenwürmer). Sie rücken den im Substrat verborgenen Larven des Dickmaulrüsslers wirkungsvoll zu Leibe. Sie werden in Wasser gegeben, das im April/Mai bzw. im August/September auf das Substrat gegossen wird.

Vorbeugende Spritzungen

Es ist sinnvoll, die Gehölze vor dem Einwintern und im zeitigen Frühjahr zum Austrieb mit einem Mittel auf Paraffin- oder Rapsölbasis zu spritzen: Das zerstört die Überwinterungsformen von Schädlingen, die in Ritzen abgelegt werden. Auch eine Winterspritzung mit Jin-Mittel (› Seite 82/83) desinfiziert und beugt gegen Schild- und Blattläuse sowie Pilzerkrankungen vor.

Lästlinge tolerieren

Nicht alles, was an Ihren Bonsai kreucht und fleucht, ist tatsächlich schädlich. So sind Asseln und Regenwürmer eher lästig. Letztere meiden mineralische Substrate. Auf Ameisen müssen Sie dagegen achten: Sie sollten ihre Nester nicht gerade in den Bonsai-Schalen anlegen. Auch deshalb, weil sie sich Blattlausherden halten, die sie gegen Nützlinge verteidigen.

Abhilfe im Notfall

Wenn der Befall bereits so weit fortgeschritten ist, dass größere Schäden drohen, kommt man um die Verwendung von Pflanzenschutzmitteln nicht herum. Es gibt verschiedene Mittel, die spezifisch gegen Insekten, Pilze, Milben und andere Schaderreger wirken.

Biologische Pflanzenschutzmittel bevorzugen

Entscheiden Sie sich im Notfall immer für die umweltfreundlichsten Präparate. Im Fachhandel können Sie sich entsprechend beraten lassen.
Am unbedenklichsten sind Mittel auf biologischer Basis. So bietet der Handel z. B. Produkte mit Rapsöl an, die die Atemwege von Blatt-, Schild- und Wollläusen verstopfen.

Der richtige Umgang mit chemischen Präparaten

Bevorzugen Sie nützlingsschonende und bienenungefährliche Produkte. Wenden Sie diese unbedingt nach den Angaben auf der Packung an und beachten Sie die Warnhinweise. Entsorgen Sie die Packung nie, solange noch ein Rest vorhanden ist, schon allein deshalb, weil darauf auch das Gegenmittel bei einer Vergiftung angegeben ist.

Diagnosetafel: Schädlinge

BLATTLÄUSE

Schadbild: Kolonien an Triebspitzen, Blättern und Knospen von Laub- und Nadelgehölzen. Klebriger Honigtau lockt Ameisen an und fördert Pilzbefall (schwarze Flecken).
Vorbeugen: Vermeiden Sie eine zu starke, stickstoffbetonte Düngung. Regelmäßig Knospen, Blattunterseiten, Triebspitzen kontrollieren.
Bekämpfen: Läuse sofort abstreifen. Bei starkem Befall spritzen.

SCHMIER- UND WOLLLÄUSE

Schadbild: Weiße, etwa 1 cm lange, watteartige Schilde. Oft in Blattachseln und Zweiggabelungen von Rotbuchen. Honigtau fördert Pilzbefall.
Vorbeugen: Kühl überwintern. Vorbeugende Winterspritzung durchführen. Frische Substrate verwenden: Eier überdauern im Substrat.
Bekämpfen: Tiere abstreifen. Bei starkem Befall den Wachsmantel lösende Mittel wiederholt spritzen.

SCHILDLÄUSE

Schadbild: Eirunde, festsitzende Schilde an Blattunterseiten, an Blattstielen, Blattadern und Trieben von Zimmerbonsai und Wacholder.
Vorbeugen: Zu warme und trockene Standorte meiden, besonders während der Überwinterung.
Bekämpfen: Schilde abstreifen/-wischen. Lösung aus 1 l Wasser, 20 ml Spiritus und 10 ml Schmierseife oder geeignetes Mittel spritzen.

GALLMILBEN

Schadbild: Vor allem an Ahorn, Linde und Fichte. Je nach Gehölz verschieden. Oft pockenartige, rötliche Beulen an Blättern; Rundknospen, die die im Austrieb stecken bleiben.
Vorbeugen: Warme, trockene Lagen und zu viel Stickstoff vermeiden.
Bekämpfen: Befallene Blätter absammeln. Rückschnitt. Eventuell vorhandene Fruchtmumien entfernen. Geeignete Mittel verwenden.

SPINNMILBEN

Schadbild: Weiße, sich vergrößernde Flecken auf der Blattoberseite. Oft rötliche Verfärbung, Welke und später Blattfall. Bei starkem Befall Gespinstfäden auf der Blattunterseite.
Vorbeugen: Heiße, trockene Orte meiden. Luftfeuchtigkeit erhöhen.
Bekämpfen: Im Haus oder unter Glas Raubmilben einsetzen. Im Freien spritzen, dabei Blattunterseiten benetzen. Mittel häufig wechseln.

KIEFERNSPANNER

Schadbild: Ab Mai deutliche Fraßspuren an Kiefern durch die Larven (Raupen) des Kiefernspanners. Nadeln werden vollständig abgefressen. Der Neuaustrieb bleibt dabei meist unberührt.
Vorbeugen: Regelmäßige Kontrolle aller Endtriebe von Mai bis Juli. Raupen und Puppen zügig entfernen.
Bekämpfen: Nicht nötig, da der Schaden meist nur gering ausfällt.

Diagnosetafel: Schädlinge, Pilzkrankheiten

DICKMAULRÜSSLER

Schadbild: Käfer fressen Buchten in die Blattränder. Die Larven (Engerlinge) verursachen Fraßschäden am Wurzelhals. Dadurch Welke und späteres Absterben der Pflanze.
Vorbeugen: Rainfarn- oder Wermuttee auf das Substrat gießen.
Bekämpfen: Absammeln des nachtaktiven Käfers. Larven mit nützlichen Nematoden bekämpfen oder Substrat durch Umtopfen erneuern.

WURZELLÄUSE

Schadbild: Wachstum verringert, Blattwelke, gelbe Blätter, Wasseraufnahme schlecht. Weißes Geflecht im Substrat. Kein Pilzgeruch, nicht mit Mykorrhiza verwechseln!
Vorbeugen: Pflanze durch Pflege und optimale Substratabstimmung stärken. Staunässe und Verkrustung des Substrats vermeiden.
Bekämpfen: Mit einem geeigneten Mittel wiederholt behandeln.

MONILIA-SPITZENDÜRRE

Schadbild: Oft bei Ahorn und Kirsche. Nach Absterben der Blüten welken die Blätter, fallen ab. Triebe sterben von der Spitze her ab.
Vorbeugen: Ausreichende Versorgung mit Phosphat. Artgerechter Standort. Leichte Spätfröste vermeiden. Krone locker und luftig halten. Desinfiziertes Werkzeug benutzen.
Bekämpfen: Kranke Triebe zurückschneiden. Im Hausmüll entsorgen.

BIRNENGITTERROST

Schadbild: Warzenartige Verdickungen an Wacholder, ab April orangegelb. Ab Mai orangerote Flecken auf Blattoberseite von Birnen.
Vorbeugen: Wacholder und Birne räumlich trennen. Befallene Äste bei Wacholder sofort entfernen.
Bekämpfen: Wacholder mit aufgequollenen Sporenlagern (Abb.) über Hausmüll entsorgen. Bekämpfung an Birne durch Spritzmittel.

ECHTER MEHLTAU

Schadbild: Abwischbarer, mehlartiger Belag auf der Blattoberseite an Ahorn, Weißdorn, Eiche und Linde. Schwächung mit Folgeerkrankungen.
Vorbeugen: Falllaub, befallene Triebe und Blätter über den Hausmüll entsorgen. Nicht überdüngen.
Bekämpfen: Rückschnitt vor Austrieb im zeitigen Frühjahr zur Entfernung des in den Knospen überwinternden Pilzes, geeignetes Mittel einsetzen.

ROSTPILZE

Schadbild: Häufig bei Ahorn, Weißdorn, Linde, Apfel, Birne und *Prunus*-Arten. Verfärbungen der Blätter mit runden, vertrocknet erscheinenden Flecken, zum Teil mit Löchern. Starker Befall schwächt die Pflanze und führt zu Folgeschäden.
Vorbeugen: Abgefallene Blätter aufsammeln und entsorgen.
Bekämpfen: Spritzen Sie ein geeignetes Mittel gegen Pilzkrankheiten.

So kommen Bonsai gut über den Winter

Sobald die ersten Minusgrade drohen, sollten Sie Ihre Bäume winterfest machen. Je nach Herkunft räumt man sie in ein frostfreies Quartier oder stellt sie an einem geschützten Platz im Freien auf.

Die Frosthärte der Gehölze hängt von ihrer Herkunft ab. Freiland-Bonsai können gerne draußen bleiben. Andere Pflanzen, wie Azaleen, Kamelien sowie mediterrane Arten, benötigen ein Winterquartier ohne starke Minusgrade. Zimmerbonsai, die den Sommer über im Freien standen, müssen ins Haus geräumt werden. Welche Überwinterungsbedingungen für welche Art die richtigen sind, entnehmen Sie den Porträts (› ab Seite 114). Die im Folgenden beschriebenen Methoden habe ich über Jahrzehnte mit Erfolg erprobt.

Bäume europäischer Herkunft können Sie auf den Boden stellen. Wurzeln mit Laub abdecken!

Winterharte Bonsai bleiben draußen

Gehölze aus unseren Breiten sind im Prinzip frostfest. Und doch gelten für die Bäumchen besondere Bedingungen.

Empfindliche Wurzeln

Die Wurzeln der Bonsai sind um ein Vielfaches empfindlicher als die oberirdischen Teile. Zudem stecken sie nicht in der schützenden Erde, sondern in einer Schale. Kälte kann von allen Seiten angreifen. Daher benötigen die Wurzeln etwas Frostschutz. Dies gilt ganz besonders für Felsenpflanzungen (› Seite 14/15): Auch oberirdisch gezogene Wurzeln mit Borke sind empfindlich.

Gut vorbereiten

Gönnen Sie den Bonsai vor dem Einräumen eine Winterspritzung (› Seite 41) gegen überwinternde Schaderreger.

(Wind)Schatten bevorzugt

Bonsai müssen vor Sonne und Wind geschützt überwintern: Sie verdunsten Wasser über die Rinde und, bei immergrünen Arten, über das Laub bzw. die Nadeln. Dies wird durch Sonne und Wind verstärkt. Wenn der Wurzelballen gefroren ist, kann kein Wasser nachgeliefert werden. Der Bonsai vertrocknet.

Winterquartier im Freien

Stellen Sie Ihre winterharten Bonsai unter einem Baum oder an einer Mauer geschützt auf. Bei mir hat sich bewährt, die Bäume dicht an dicht unter den Präsentationsregalen auf

Regale an einer Garagenwand nehmen sehr viele Bonsai zur Überwinterung auf. Sie können hier leicht kontrolliert werden.

eine Bändchenfolie aus dem Gartenfachhandel zu stellen. Die Folie besteht aus geflochtenen Kunststoffbändchen und ist wasserdurchlässig. Den Wurzelbereich decke ich mit einer etwa zehn Zentimeter hohen Laubschicht ab.

Geschützt: die Garage

Herrschen in Ihrer Garage maximal –8 °C, ist dies perfekt für Laubgehölze. Schließlich stehen sie hier vor Sonne und Wind geschützt. Mit einigen Regalen an der Wand sorgen Sie für zusätzlichen Platz zur Überwinterung.
Nadelgehölze dagegen brauchen auch im Winter Licht. Sie sind nur in Garagen mit Fenster gut aufgehoben. Stellen Sie sie so hell wie möglich und drehen Sie sie öfter!

Abwärts: im Kellerschacht

Kellerschächte bieten ideale Überwinterungsmöglichkeiten, wenn sie von einem Fenster aus zugänglich sind. Tiefe Schächte teilen Sie in zwei Etagen: unten die Laubgehölze, darüber, im Hellen, die lichtbedürftigen Nadelgehölze.

Tipp für Balkongärtner

Als »Überwinterungsquartier« dient eine mit Folie ausgekleidete Kiste. Schichten Sie Laub, zerknülltes Zeitungspapier, Torf oder Rindenmulch ein. Darauf stellen Sie die Schale und füllen die Kiste bis zum Ansatz der untersten Äste auf. Stellen Sie sie vor Sonne und Wind geschützt an das Geländer und nicht an die Hauswand: Sie gibt bei Sonne zu viel Wärme ab. Verwenden Sie bitte keine Kiste aus Styropor: Sie isoliert zwar vor Kälte, hält den Wurzelballen aber gefroren, wenn es schon lange über Null ist. Auch unbelaubte Pflanzen verdunsten Wasser und vertrocknen.

Für Wärmeliebende

Arten, die wenig oder gar keinen Frost vertragen, wie Olive, Granatapfel und Orangenraute, ziehen idealerweise in temperierte Wintergärten oder Gewächshäuser. Es gibt aber noch andere Möglichkeiten.

- Wenn die bereits erwähnten Kellerschächte mit einer Stegdoppelplatte aus dem Gartenfachhandel abgedeckt werden, können Sie die Temperatur darin gut regeln. In diesem improvisierten Glashaus finden Arten Platz, die ein paar Minusgrade gut überstehen.
- Wer keine Überwinterungsmöglichkeit hat, kann sich im Bonsai-Fachhandel nach einer Gärtnerei erkundigen, die Ihre Bäumchen gegen Bezahlung über die kalte Jahreszeit bringt.
- Zimmerbonsai, die den Sommer im Freien verbringen, ziehen ins Haus, sobald die Nächte dauerhaft unter 10 °C und die Tage unter 15 °C bleiben. Drinnen sind sie wieder der Wärme ausgesetzt und treiben aus. Pflegen Sie sie daher entsprechend und achten Sie auf ausreichend Licht und Luftfeuchtigkeit!

Etwas Pflege ist nötig

Achten Sie bei allen Arten darauf, dass der Wurzelballen immer leicht feucht bleibt. Kontrollieren Sie regelmäßig auf Befall mit Schädlingen oder Krankheiten, vor allem bei wärmerer Überwinterung. Gerade bei Zimmerbonsai werden zwei Wochen nach dem Einräumen Schädlinge aus den Herbstgelegen aktiv. Eine Spritzung mit einem Insektizid kurz vor dem Einräumen beugt dem Befall vor.

>FRAGE & ANTWORT

Expertentipps rund um die Planung

Die Bonsai-Kultur ist schon etwas Spezielles. Da können leicht Unklarheiten zu den Bäumchen an sich auftauchen. Auch was ihre Pflege betrifft, ist manches ein bisschen anders als üblich. Hier finden Sie Antworten auf die wichtigsten Fragen, die mir von Bonsai-Einsteigern gestellt werden.

? Handelt es sich bei Bonsai um spezielle Züchtungen?

Bonsai werden aus Pflanzen gezogen, die zu einer normalen Größe heranwachsen könnten. Zwergwüchsige Arten und Pflanzen, die nur wenige Zentimeter im Jahr zulegen, eignen sich dafür nicht: Geringes Längenwachstum ist meist mit geringem Dickenwachstum verbunden. Dieses ist bei Bonsai-Anwärtern jedoch erwünscht: Sie sollen mehr an Dicke als an Höhe zunehmen, was nur durch kräftigen Zuwachs erzielt wird. Darauf erfolgt der für Bonsai nötige Rückschnitt. Er regt das Wachstum der Pflanze an, die daraufhin erneut in Form geschnitten werden kann. So geht es weiter, bis ein schön gestalteter, reifer Bonsai entstanden ist.

? Werden Bonsai durch Drahten so klein?

Drahten dient der Formgebung. Es schadet der Pflanze nicht und ist ein Hilfsmittel, das nur über einen begrenzten Zeitraum eingesetzt wird. Außerdem ist die Bezeichnung »Bonsai« keine Größenangabe. Erst die Gestaltung nach einer Stilform, einer Art Baum-Vorlage, die sich über Jahre hinzieht, lässt einen authentischen Bonsai entstehen. Die Größe wird also letztendlich durch den Gestalter bestimmt.

? Welche Pflanzenarten eignen sich für die Bonsai-Kunst?

Grundsätzlich können alle verholzenden Pflanzen zum Bonsai erzogen werden, also auch Sträucher. Doch Bäume, wie sie in diesem Buch beschrieben werden, eignen sich dafür besonders gut. Sie bilden im Lauf der Jahre dicke Stämme und Äste aus. Bedenken Sie bei der Wahl der Ausgangspflanzen auch den Standort, den Sie Ihrem Bonsai bieten können. Für das Freiland kommen ganz andere Arten infrage als für das Zimmer. Ein weiteres Kriterium ist, ob Sie viel unterwegs sind oder gern in Urlaub fahren: Ihr Bonsai sollte dies gut überstehen können. Wählen Sie dafür Arten, die nur wenig Wasser brauchen (› Porträts ab Seite 114) und setzen Sie sie in größere Schalen, damit das Substrat nicht so schnell austrocknet.

? Kann ich durch Blattschnitt erreichen, dass die Blätter kleiner werden?

Die Blattform und -größe eines Bonsai hängen zunächst von der Gehölzart, vom Alter und der vorhandenen Verzweigung ab. Man könnte zwar beim Rückschnitt die Triebspitzen und somit die bevorzugte, stärkste Knospe (› Seite 18/19) entfernen. Das hat zur Folge, dass schwächere Knospen austreiben. Die daraus entstehenden Zweige tragen kleinere Blätter. Um diesen Effekt zu erzielen, müssten Sie die Prozedur jedes Jahr wiederholen. Das schwächt die Pflanze unnötig, vor allem, weil das Ergebnis nur kurz vorhält. Allerdings gibt es tatsächlich

Techniken in der Bonsai-Kultur, die den sogenannten selektiven Blattschnitt erfordern (› Seite 78/79). Dadurch soll erreicht werden, dass ein bestimmter Ast oder Zweig dicker wird. Blattschnitt ist auch dann zu empfehlen, wenn Blattschäden am ganzen Bonsai entstanden sind. In den meisten Fällen bringt der Neuaustrieb dann gesundes Laub hervor.

? Gibt es Arten, deren Früchte eine gute Proportion zum Bonsai abgeben?

In Baumschulen und Gärtnereien ist eine große Anzahl an Zieräpfeln im Angebot, deren kleine Früchte in guter Relation zum Bonsai stehen. Cotoneaster, Mirabelle, Rot- und Weißdorn, Schlehe sowie viele andere Arten sind ebenfalls hervorragende Anwärter für Bonsai, was Blüte und kleinbleibende Früchte anbelangt. Beachten Sie bitte, dass man für gute Proportionen die Größe des Bonsai an die Größe der zu erwartenden Früchte anpasst.

? Muss ich das Gießwasser an heißen Tagen erst anwärmen, damit die Wurzeln keinen Kälteschock erleiden?

Nach meinen Erfahrungen macht es überhaupt nichts aus, bei Hitze mit kaltem Leitungswasser zu gießen. Das Substrat ist dann selbst so aufgeheizt, dass das Wasser die Wärme gleich annehmen kann und die Erde nur um wenige Grad abkühlt. Aus dieser Mischung entsteht eine für die Pflanzenwurzeln gut verträgliche Temperaturabsenkung.

? Mir wurde empfohlen, meinem Bonsai mit jeder Wassergabe Dünger zu verabreichen. Ist das nicht zu viel des Guten?

In vielen gärtnerischen Betrieben ist es tatsächlich übliche Praxis, dem Gießwasser Dünger zuzufügen, natürlich in entsprechend geringer Konzentration. Dadurch stehen der Pflanze stets alle Nährstoffe und Spurenelemente für ein zügiges Wachstum zur Verfügung. Gibt man dagegen nur einmal wöchentlich einen mineralischen Flüssigdünger, kann es auch schon einmal zu einem Engpass und somit zu einer kurzfristigen Wuchspause kommen. Dies gilt vor allem für den kleinen Wurzelraum in der Schale. Ich verabreiche daher bei jeder Gießgabe einen schwach dosierten Volldünger. Bei hochwertigen Substraten, die Nährstoffe binden können, kann es so nicht zu einer Überdüngung kommen. Dabei gieße ich so lange, bis die Nährlösung aus den Abzugslöchern der Schale herausläuft. So fließt die frische Nährlösung in das Substrat, während alte Nährsalze ausgeschwemmt werden. Diese Praxis ist natürlich mit höherem Aufwand verbunden. Wenn Sie sich an die Packungsangaben der Dünger halten, sind Sie immer auf der sicheren Seite.

? Ich habe gehört, dass Wassertropfen auf dem Laub in der Sonne Verbrennungen hervorrufen sollen. Stimmt das?

Nicht ganz. Wenn es sich um eine Nährsalzlösung, also um Wasser mit Flüssigdünger, handelt, kann es tatsächlich zu Schädigungen des Blattes kommen. Wenn die Tropfen austrocknen, erhöht sich ihr Salzgehalt. In Kombination mit der Sonneneinstrahlung wird den Blättern dadurch Flüssigkeit entzogen. An diesen Stellen entstehen demnach genau genommen Trockenschäden und keine Verbrennungen. Achten Sie also beim Gießen mit Flüssigdüngerlösungen darauf, das Laub nicht zu benetzen. Ist eine spezielle Blattdüngung nötig, z. B. als Sofortmaßnahme bei Eisenmangel, nehmen Sie diese abends an einem schattigen Ort vor. Falls die Lösung am nächsten Morgen noch nicht völlig abgetrocknet ist, warten Sie noch damit, die Pflanze wieder an ihren Platz zu räumen.

? Es heißt, man soll Bonsai auf der Fensterbank gelegentlich drehen. Ist das nicht schädlich?

Das ist ein Irrglaube! In Japan werden selbst Bonsai, die mehrere hundert Jahre alt sind, regelmäßig gedreht. Dann erhalten sie von allen Seiten Licht und wachsen gleichmäßiger. Es werden übrigens nicht nur die Pflanzen im Zimmer gedreht, sondern auch solche, die draußen in Regalen oder vor einer Wand wachsen und somit auf einer Seite auf Dauer weniger Licht abbekommen. Bei manchen Exemplaren wird das ganz schön mühselig, vor allem, wenn sie frisch gegossen sind: Sie haben ein enormes Gewicht. Dafür gibt es ein einfaches Hilfsmittel: Stellen Sie die Schalen auf Kunststoffdrehscheiben, die für Fernseher gedacht sind. So erleichtern Sie sich nicht nur das Drehen, auch das Betrachten und Kontrollieren macht mehr Spaß.

2 Bonsai-praxis

Grundtechniken der Gestaltung

Nun wissen Sie, was Bonsai brauchen, um sich bei Ihnen wohlzufühlen. Also können Sie sich tatsächlich daranmachen, Ihre eigenen Bäumchen heranzuziehen und nach Ihren Vorstellungen – und denen der Pflanzen – zu formen. Die dafür nötigen Methoden finden Sie in diesem Kapitel.

Immer wieder begegnen mir Menschen, die Bonsai als Objekt betrachten und versuchen, ihnen ihren Willen aufzuzwingen. Tatsächlich sind die kleinen Bäume Lebewesen, die mit dem nötigen Respekt zu behandeln sind. Sie zu kultivieren, hat etwas mit Gespür und Gefühl zu tun. Man muss sich schon einmal dem Willen der Pflanze beugen, wenn diese partout in eine andere Richtung wächst als gewünscht.
Das elementare Wissen über den richtigen Standort und die angemessene Pflege aus den vorangegangenen Kapiteln hilft Ihnen, die Bedürfnisse der Bonsai und die natürlichen Abläufe durch die Jahreszeiten zu verstehen. Das befähigt Sie, diese Abläufe zu nutzen, um einen Baum – sozusagen mit seiner Einwilligung – in einen Bonsai zu verwandeln.

Jetzt geht es los!

Zunächst ist es wichtig zu lernen, was genau einen guten Bonsai ausmacht (› Seite 52/53), z. B. ein dicker, interessant geformter Stamm, gut verteilte Äste und ein attraktiver Wurzelansatz. Das hilft Ihnen, Ihre Ausgangspflanzen auf den Weg zu bewunderswerten Bonsai zu bringen. Wenn es die »schnellere« Methode sein soll, schneiden Sie eine bereits ältere Pflanze zurück (› Seite 54/55). Alternativ dazu können Sie den längeren Weg wählen und eine Jungpflanze von Beginn an in einer bestimmten Stilform aufbauen (› Seite 56/57).

Eine Form geben

Sind die Pflanzen groß genug und besitzen ausreichend Äste, folgt die eigentliche Formgebung. Das beinhaltet, Stamm, Leitäste und Seitenzweige in die gewünschte Stellung zu ziehen (› Seite 58/59) oder zu drahten (› Seite 60/61). Ein fachgerechter Schnitt vervollkommnet die Form (› Seite 62/63). Diese gilt es nun, durch verschiedene angepasste Schnittmaßnahmen (› Seite 64/65) zu erhalten.
Dann tritt die Gestaltung in eine fortgeschrittene Phase, die man in Japan Mochikomi nennt: das Reifen des Bonsai in seiner Schale.

Ein gut ausgestatteter, überdachter Arbeitsplatz (oben) erlaubt es Ihnen, Ihre Bonsai bei jeder Witterung zu pflegen und zu formen.

Harmonische Wuchsformen erkennen

Um Gehölze auswählen und sie zu Bonsai gestalten zu können, muss man die charakteristischen Merkmale der Vorbilder und die möglichen Stilformen im Kopf haben. Eignen Sie sich diese systematisch an.

Eine Pflanze und Tausende von Möglichkeiten: Dem Ausgangsmaterial eine Form nach den eigenen Vorstellungen zu verleihen ist überaus reizvoll. Eine Entscheidung zu treffen ist jedoch zunächst gar nicht so einfach. Doch auch hier gilt: Übung macht den Meister!

Beispiele inspirieren

Schauen Sie sich viele gelungene Bonsai an. Mit der Zeit werden Ihnen die wesentlichen Elemente eines Baumes klarer. Anregungen können Sie aus den folgenden Quellen ziehen:

- Fotos von Bonsai gibt es in Büchern, Illustrierten und im Internet. Ihnen fehlen jedoch Tiefe und Perspektive.
- Der Besuch von Bonsai-Ausstellungen ist eine große Hilfe. Reden Sie auch mit den Gestaltern, die Ihnen wertvolle Hinweise geben können.
- Der beste Lehrmeister ist die Natur selbst. Das Ziel bei der Bonsai-Gestaltung ist es, sich dem Original anzunähern und es auf seine wesentlichen Elemente zu reduzieren.

Schulen Sie Ihren Blick, indem Sie die Vorbilder systematisch untersuchen.

- Verfolgen Sie die Verteilung der Wurzeln rund um den Stamm und wie sie von dort in den Boden verlaufen.
- Schauen Sie sich an, wie sich der Stamm von unten nach oben verjüngt.
- Beachten Sie, wie die Leitäste angeordnet sind und dass sie im unteren Kronenteil dicker sind als im oberen.
- Studieren Sie die Ansatzwinkel der Äste am Stamm: Bei jüngeren Bäumen sind sie steiler; bei Nadelgehölzen flacher als bei Laubgehölzen.

In die Praxis umsetzen

Dieses »Sehen lernen« hilft Ihnen, gutes Ausgangsmaterial für Bonsai zu finden. Das gilt zwar auch für den Fall, dass Sie eine Jungpflanze gezielt aufbauen (› Seite 56/57). Besonders wichtig ist es bei der Wahl eines älteren Gehölzes für die Reduktionsmethode (› Seite 54/55). Gehen Sie die Pflanzen dabei Schritt für Schritt durch.

- Drehen Sie das Gehölz und betrachten Sie es aus unterschiedlichen Perspektiven.
- Prüfen Sie Wurzelansatz, Stamm und Astanordnung auf ihre Eignung als Ausgangsmaterial für die Bonsai-Gestaltung (› Seite 20/21).
- Spielen Sie im Kopf die verschiedenen Stilformen durch. Anschaulicher wird dies durch eine Zeichnung (› Abb.) oder ein Foto. Sie zeigen den Baum in seiner Ausgangsform. Mit Buntstiften skizzieren Sie Ihre Ideen: eine lockere Krone auf einem geneigten Stamm, eine wie vom Wind gepeitschte Gestalt oder ein ergrauter, gebeugter Greis.

Eine Vorderseite festlegen

Jeder Bonsai hat eine »Schokoladenseite«. Wurzelansatz, Stammverlauf und Kronenform kommen dort am besten zur Geltung und ergeben ein attraktives Gesamtbild. Auf diese Vorderseite wird die Gestaltung abgestimmt. Achten Sie schon bei der Wahl der Ausgangspflanze darauf. Oft gibt es mehrere Möglichkeiten. Legen Sie eine fest, behalten Sie aber die andere bei der Erstgestaltung im Auge, bis die endgültige Entscheidung feststeht.

Die Skizzen demonstrieren vier von vielen Gestaltungsmöglichkeiten bei dieser Ausgangspflanze für die Reduktionsmethode.

locker aufrecht

locker aufrecht

windgepeitscht

Halbkaskade

>PRAXIS

Ältere Pflanzen: die Reduktionsmethode

Mehrjährige Gehölze sehen nach entsprechendem Rückschnitt einem fertigen Bonsai schon ziemlich ähnlich. Die größte Schwierigkeit dabei ist, eine passende Ausgangspflanze zu finden.

»Reduktion« bedeutet Herabsetzung oder Verminderung. Auf Bonsai übertragen heißt das, eine geeignete, mehr als 20 Jahre alte Pflanze zurückzuschneiden. Das Ziel ist es, nach dem Rückschnitt einen weitgehend fertigen Bonsai zu haben. So ist man in relativ kurzer Zeit im Besitz eines alt und reif wirkenden Bonsai, oft mit gröberem Charakter.
Legen Sie in diesem Fall einen besonders großen Wert auf eine gute Ausgangspflanze: So sparen Sie sich die Mühe, ein weniger geeignetes Gehölz im wahrsten Sinne des Wortes über viele Jahre »zurechtbiegen« zu müssen.

Finden Sie die beste Ausgangspflanze

Eine gute Quelle für gut zehn Jahre alte Gehölze sind Baumschulen und Gartencenter (› Seite 20/21). Nehmen Sie eine Wurzelkralle und eine Sichel (› Seite 28/29) mit: Die Werkzeuge sind nützlich für die Beurteilung der Pflanze. Am besten erklären Sie dem Verkaufspersonal, was Sie vorhaben, und fragen Sie, ob Sie die Gewächse aus dem Topf nehmen dürfen. Das beugt Missverständnissen vor.

Schritt für Schritt prüfen

Um eine gute Pflanze für die Reduktionsmethode herausfiltern zu können, gehen Sie systematisch vor, wie Sie es bei der Beurteilung reifer Bonsai gelernt haben (› Seite 52/53).

- Suchen Sie zunächst ein vielversprechendes Gehölz heraus.
- Heben Sie es aus dem Topf.
- Legen Sie vorsichtig mit Wurzelkralle und Sichel den Wurzelansatz frei. Begutachten Sie Position und Verteilung der Wurzeln. Gelegentlich liegen die Wurzeln in mehreren Etagen vor. Dann entscheide ich mich immer für die feineren Wurzeln, vorausgesetzt, sie sind gut um den Stamm herum verteilt. Feinere Wurzeln können besser in eine Gestaltung integriert werden.
- Als Nächstes beurteilen Sie den Verlauf des Stammes.
- Überprüfen Sie, ob die Äste, im Zusammenhang mit Wurzeln und Stamm gesehen, brauchbar sind.

Kompromisse schließen

Im Idealfall sind Wurzeln, Stamm und Krone so beschaffen, dass man sie ohne weitere Bearbeitungstechniken in eine harmonische Gestaltung einbeziehen kann. Leider findet man das nur selten.
Da heißt es, Kompromisse einzugehen. Vieles können Sie in Ihrem Sinne ändern. So lässt sich z. B. eine verdrehte Wurzel durch einen Rückschnitt neu aufbauen, oder man kann die Anordnung der Leitäste durch Drahten korrigieren. Mit manchen Eigenschaften, die die Ausgangspflanzen mitbringen, werden Sie jedoch leben müssen.

Der Reduktionsschnitt

Um ein Gehölz durch Rückschnitt auf den Weg zum Bonsai zu bringen, gehen Sie wiederum Schritt für Schritt vor.

- Reinigen Sie den Stamm mit einer Messingbürste von losen Rindenteilen, Flechten und Moos. Wer das zu robust findet, nimmt eine Zahnbürste.
- Betrachten Sie die Pflanze von allen Seiten. Legen Sie eine Vorderseite (› Seite 52/53) und eine Stilform fest (› Abb. 1). Viele Pflanzen bringen bereits eine Stilform mit, die man aufgreifen und herausarbeiten muss.

■ Schneiden Sie die Wurzel zurück und ordnen Sie sie beim Eintopfen, falls möglich, strahlenförmig an.
■ Lichten Sie die Krone aus, um mehr Überblick zu gewinnen. Schneiden Sie dann alle Äste, die Sie mit Sicherheit für die weitere Gestaltung nicht mehr benötigen, an ihrer Ansatzstelle heraus (› Abb. 2).

Mit Bedacht vorgehen

Arbeiten Sie langsam! Drehen Sie die Pflanze immer wieder und beurteilen Sie das Zwischenergebnis. Das angestrebte Ziel werden Sie nicht gleich bei der Erstgestaltung erreichen (› Abb. 3). Lassen Sie Leitäste im Zweifel lieber noch stehen. Manchmal ist man im Lauf der Gestaltung froh, wenn sie für eine Ausweichmöglichkeit zur Verfügung stehen, z. B. wenn sich ein anderer Ast nicht wunschgemäß entwickelt.

Große Schnittwunden

Bei der Reduktionsmethode lassen sich große Schnittstellen oft nicht vermeiden (› Seite 80/81). Diese entstehen vor allem dort, wo der Stamm zurückgeschnitten wird, um die Höhe des Bonsai festzulegen. Statt sich, wie vorher, allmählich zu verjüngen, endet er nun abrupt mit einer Schnittstelle. Hier gilt es, auf einen Seitenzweig zurückzuschneiden, der den Stamm möglichst übergangslos weiterführt und diese Schnittstelle somit kaschiert. Wenn die Wunden so groß sind, dass sie auch auf längere Sicht nicht zuwachsen werden, integriert man sie in die Gestaltung. Dabei darf der Baum zeigen, dass er schon einiges mitgemacht hat.

1

le Ausgangspflanze
›rima Gehölz für die Erstge-ung: Es hat einen interessan-Stamm, gut verteilte Äste und reiche Verzweigung. Die bietet Ansätze für die locker echte und die windgepeitsch-ilform bzw. die Halbkaskade.

2

Der erste Rückschnitt
Die vorläufige Entscheidung fiel zugunsten der locker aufrechten Stilform. Störende, sich überkreuzende und direkt nach oben oder unten wachsende Äste und Zweige sind entfernt worden. Der Bonsai ist zu 70 % fertig.

3

Anpassung nach Überprüfung
Nach genauer Prüfung fiel die endgültige Entscheidung für diese Form. Entsprechend wurden die restlichen überflüssigen Äste ausgeschnitten. Der Bonsai ist zu 90 % realisiert. In den Folgejahren wird er verfeinert.

>PRAXIS

Für Jungpflanzen: die Aufbaumethode

Wenn ein Gehölz von klein auf für einen Bonsai bestimmt ist, lässt es sich leicht in jede beliebige Stilrichtung formen. Diese sanfte Methode hinterlässt keine Narben, benötigt jedoch ihre Zeit.

Der Rückschnitt bereits älterer Pflanzen bringt Bonsai von eher gröberem Charakter hervor. Was nicht schlecht sein muss! Einen Bonsai aus jungen Pflanzen heranzuziehen, erfordert vergleichsweise sehr viel mehr Zeit. Doch diese Aufbaumethode ermöglicht es, eine besonders schöne und elegante Form herauszuarbeiten.

Formen von Anfang an

Für die Aufbaumethode eignen sich zwei- bis sechsjährige Sämlinge oder vier- bis sechsjährige Jungpflanzen am besten (› Seite 20/21). Diese können Sie mit sanften Mitteln zu jeder beliebigen Stilform erziehen.

Das Ziel stets vor Augen

Bei der Entwicklung eines Bonsai aus einer Jungpflanze arbeiten Sie in kleinen Schritten und in kurzen Abständen, aber über einen langen Zeitraum. Dabei greifen Sie immer dann ein, wenn eine Änderung der Wuchsrichtung erforderlich ist, wenn Korrekturen der Form anstehen oder wenn die Höhe des Bonsai zurückgenommen werden muss.

Aufbaumethode Schritt für Schritt

Auch bei dieser Technik möchte man möglichst bald einen dicken Stamm erreichen. Ein größerer Durchmesser entsteht nur durch guten Zuwachs. Kräftiger Wuchs geht jedoch auf Kosten der Verzweigung. In den ersten Jahren sollten Sie zunächst Wert auf die Stammdicke legen und erst später die Verzweigung fördern. Um hier die Balance zu halten, empfehle ich bei der Aufbauarbeit einen Dreijahresrhythmus. Er verläuft für Laub- und Nadelgehölze genau gleich.
Setzen Sie die Pflanzen in dieser Startphase in größere Anzuchttöpfe mit durchlässigem, bis zu 70 % organischem, stets gut gedüngtem Substrat.

Jahr 1: Die Basis schaffen

Nehmen Sie diese Arbeiten im Frühjahr vor dem Austrieb vor.

- Kämmen Sie mit der Wurzelkralle die Erde von den Wurzeln. Schneiden Sie stark entwickelte Wurzeln mehr zurück als schwächere, damit die Wurzel sich näher am Stamm fein verzweigt. Reduzieren Sie die Wurzel um ca. 30–50%.
- Setzen Sie die Pflanze in einen Anzuchttopf, der die Wurzeln gerade aufnimmt. In zu großen Töpfen bleibt das Substrat lange nass und damit kalt. Wurzeln, die bei engerem Platz mit anderen konkurrieren müssen, sind zudem viel vitaler und gesünder.
- Die Wurzeln sollen von Anfang an so wachsen, dass sie später gut aussehen und keine Korrekturen benötigen. Dafür platzieren Sie beim Eintopfen unterhalb des Stammes einen runden, sogenannten Ankerstein. Darüber breiten Sie die Wurzeln strahlenförmig, leicht schräg nach unten aus.
- Schneiden Sie zum Abschluss noch den Stamm zurück (› Abb. 1). Letzteres erfolgt, indem man ihn einmal auf einen links und einmal auf einen rechts des Stammes entspringenden Seitenast zurückschneidet. Dadurch entsteht ein kurzer, sich verjüngender Stamm. Die kleinen Eingriffe lassen keine Narben zurück.

Jahr 2: In Form schneiden

Ende Mai bis Mitte Juni des zweiten Jahres setzen Sie die Pflanze in einen etwas tieferen und 2–3 cm größeren Topf. Die Wurzeln werden nicht bearbeitet. Dafür schneiden Sie die inzwischen verzweigten Leitäste auf zwei bis drei Blätter zurück, sobald die Triebe ausgehärtet sind. Dadurch treibt die Pflanze neu durch, was auch der Wurzelbildung zugutekommt. Verstärkt wird dieser Effekt durch kräftiges Düngen und den sogenannten Johannistrieb, den um diese Zeit bei Gehölzen üblichen zweiten Austrieb eines Jahres.

Jahr 3: Zyklus vollenden

Dieser Schritt erfolgt wieder im Frühjahr. Kämmen und schneiden Sie die Wurzeln wie im ersten Jahr und setzen Sie die Pflanze in einen etwas größeren Topf auf einen Stein. Achten Sie dabei auf die Wurzelverteilung. Manche Stilrichtungen (› Seite 12–15), wie die locker aufrechte, die geneigte oder die Kaskaden- bzw. Halbkaskadenform, erfordern einen mehr oder weniger geneigten Stamm. Wenn der Bonsai eine dieser Formen haben soll, topfen Sie die Pflanze jetzt im entsprechenden Winkel ein (› Abb. 2). Dem passen sich Äste im Lauf der Zeit durch ihren natürlichen Wuchs an.

Wiederholung der Zyklen

Wiederholen Sie diesen Dreijahreszyklus über zehn bis zwölf Jahre (› Abb. 4). Dann ist die Pflanze soweit vorbereitet, dass Sie sie durch Drahten (› Seite 60/61) und Schnitt (› Seite 62/63) in die endgültige Form bringen können.

1

Den Stamm einkürzen
Dieser ein- bis zweijährige Sämling soll eine locker aufrechte Stilform erhalten. Kürzen Sie den Stamm durch Rückschnitt auf einen Seitenast. Dieser soll von nun an den Stamm fortführen.

2

Den Stamm verjüngen
Im dritten Jahr setzen Sie den Stamm schräg, wie es die locker aufrechte Stilform erfordert. Durch den Rückschnitt auf den rechten Seitenast fördern Sie die Verjüngung des Stammes.

3

Den Stammverlauf ändern
Ein Rückschnitt im siebten Jahr ändert den Stammverlauf erneut. Die gewünschte Höhe ist fast erreicht. Fördern Sie ab jetzt die Feinverzweigung durch Formschnitt.

4

Das vorläufige Endergebnis
Nach zwölf Jahren sind gewünschte Höhe und Stilform erreicht. Ab jetzt wird die Verzweigung ständig verfeinert. Dadurch verkleinert sich auch das Laub.

>PRAXIS

Die richtige Lage für Äste & Zweige

Durch Reduktions- und Aufbaumethode bereiten Sie die Pflanzen zehn bis zwölf Jahre vor, um dann die endgültige Form als Bonsai herausarbeiten zu können. Dazu gehören diese Techniken, die den Ansatzwinkel der Äste am Stamm korrigieren.

Ein Hauptmerkmal für einen typischen Bonsai ist der lockere Pflanzenaufbau. Die freie »Durchsicht« ermöglicht, dass man seine Struktur vom Wurzelansatz bis fast zur Spitze erfassen kann. Leider wachsen Leitäste und Seitenzweige nicht immer in dem Winkel und der Richtung, wie der Gestalter das gerne hätte: Besonders bei jungen Pflanzen stehen sie in einem steilen Winkel nach oben. Das wird dem Bild eines reifen Bonsai nicht gerecht. Um dies zu korrigieren, bringen Sie Äste und Zweige durch

1

Schonend & schnell: Korkkeil
Bei dünnen und biegsamen Ästen klemmen Sie einen Korkkeil zwischen Stamm und Ast. Den Winkel bestimmen Sie durch die Form des Keiles. Die Reibung zwischen Rinde und Kork ist so groß, dass der Kork nicht rutscht.

2

Angespitzter Draht
Drahtreste, z. B. vier Millimeter dicken Aludraht, schneidet man an den Enden schräg zu, um sie anzuspitzen. Die Spitzen stechen beim Einklemmen zwischen Ast und Stamm in das Holz. So kann der Draht nicht verrutschen.

Gut verankern: Spanndrähte
Spanndrähte biegen Äste in gewünschte Richtung und in angestrebte Form. Doppelt a gelegte Spanndrähte könne Sie durch Verdrillen nach un nach verkürzen. Die Richtun änderung erfolgt stufenweis

Methoden wie Abspreizen, Abspannen oder mittels Zwingen in die gewünschte Form und Position.

Druckstellen polstern

Spreizhölzer, Spanndrähte und andere Hilfsmittel, die der Veränderung der Astneigung dienen, verursachen Druckstellen in der Rinde. Polstern Sie die Stellen, wo die Hilfsmittel aufliegen, ab. Dafür haben sich die verschiedensten Materialien bewährt: Abschnitte von Gartenschläuchen, Korkstreifen, alte Gürtel oder über Spanndraht gezogene, durchsichtige Kunststoffschläuche, z. B. aus dem Aquarienhandel.

Auch solche Polster können Druckstellen auf Dauer nicht verhindern. Prüfen Sie deshalb gelegentlich nach, ob sie Spuren hinterlassen, und versetzen Sie die Hilfsmittel, sobald Sie Anzeichen für Druck erkennen können.

4

sierbar: Zwingen
i größeren Durchmessern und egungen auf kurzem Abstand id Zwingen unerlässlich. An n Anlagepunkten entwickeln h allerdings große Kräfte. her sollten Sie diese Stellen sonders gut abpolstern.

Einfach: Abspreizen

Solange die Pflanzenteile noch gut biegsam sind, klemmt man Keile oder Spreizhölzer zwischen Ast und Stamm bzw. Zweig und Ast. Dadurch werden die zu korrigierenden Teile in einem flacheren Ansatzwinkel abgespreizt. Sobald sie etwas dicker geworden sind, bleiben sie nach dem Entfernen der Spreizhilfe in der gewünschten Position.

Geeignete Spreizhilfen

Je nach gewünschtem Spreizwinkel, Biegsamkeit der Triebe und Beschaffenheit der Rinde bedient man sich unterschiedlicher Hilfsmittel.

- Ein Korkkeil ist schnell zurechtgeschnitten und zwischen Stamm und Ast geklemmt (› Abb. 1). Er eignet sich für junge Pflanzen sowie Bonsai mit biegsamen Trieben und hinterlässt keine Druckstellen.
- Spreizhölzer ermöglichen größere Winkel oder das Spreizen stärkerer Triebe. Auch sie klemmt man zwischen Ast und Stamm. Je länger sie sind, desto größer wird der Winkel. Spreizhölzer verrutschen oft unbemerkt. Dafür gibt es eine andere Lösung:
- Reste aus dickem Draht mit schräg abgeschnittenen Enden stechen leicht in das Holz ein (› Abb. 2). Daher sitzen sie sicher fest. Diese Methode eignet sich besonders für Laubgehölze mit dünner, druckempfindlicher Rinde wie Ahorn, Hain- und Rot-Buche. Die entstehenden, sehr kleinen Wunden verwachsen schnell und unsichtbar, sobald man den Spreizdraht abnimmt.

Mit Draht abspannen

Wenn der Winkel zu groß für ein Spreizholz ist oder der Trieb im Bogen verlaufen soll, verwendet man Spanndrähte (› Abb. 3). Wenn Sie diese nicht am Bonsai selbst »verankern«, kann es passieren, dass er durch die Zugkraft aus der Schale kippt. Drahtet man den Wurzelballen durch die Abzugslöcher in der Schale fest (› Seite 68/69), bleiben die Bonsai sicher stehen.

Spezialfall: Zwingen

Sollen Stämme, dicke Äste oder altes Holz eine Biegung erhalten, verwendet man die Zwingen in verschiedenen Größen. Ihre Befestigungshaken dienen als Gegenstück zu einer Schraube, die auf die zu biegende Stelle Druck ausübt. Sie erlauben die Richtungsänderung in kleinen Schritten, weil man die Spannung ständig nachstellen kann (› Abb. 4).

>PRAXIS

Die Kunst des Formens: Drahten

Äste und Zweige leiten Sie durch Spreizen und Spannen nur in eine Richtung. Drahten dagegen ermöglicht auch das Biegen nach vorn oder hinten. Somit bauen Sie den Bonsai dreidimensional auf.

Durch Drahten bringen Sie Äste, Zweige, den Stamm und sogar Wurzeln in die Richtung, die für die gefällige Form eines Bonsai nötig ist. Die Technik schadet dem Baum nicht, vorausgesetzt, Sie gehen dabei bewusst und schonend vor.

Das beste Material

Von den verschiedenen im Handel erhältlichen Materialien besitzt Aluminiumdraht die für diesen Zweck besten Eigenschaften: Er ist gut zu biegen und zur »Tarnung« braun lackiert oder eloxiert und braun eingefärbt. Für Koniferen empfehle ich Kupferdraht: Er wird, im Gegensatz zu Aluminium, mit der Zeit dunkler und stört optisch nicht.

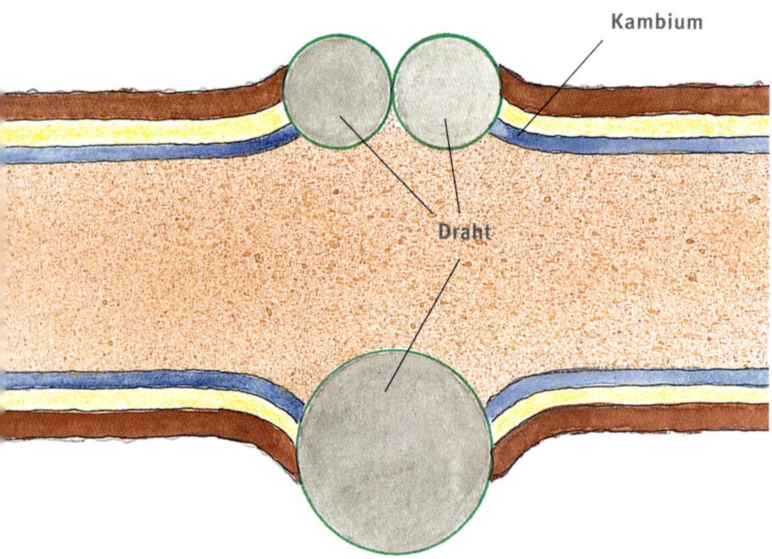

Ein dicker Draht erzeugt eine stabilere Form und kleinere Wunden als zwei dünnere Drähte.

Eine wichtige Technik

Drahten erfordert systematisches Vorgehen und Übung. Probieren Sie es an einem abgeschnittenen Ast aus. Er lässt sich leichter handhaben als ein Bonsai und gibt ein Gefühl dafür, wie weit Sie gehen können, bevor ein Trieb bricht.
Koniferen drahten Sie zwischen Oktober und März, aber nur, wenn sie nicht gefroren sind. Laubgehölze lassen sich von April bis Juni besser biegen.

Goldene Drahtregeln

Die folgenden Tipps sollten Sie beim Drahten berücksichtigen:

- So viel Draht wie nötig und so wenig wie möglich nehmen.
- Probieren Sie aus, wie stark der Draht sein muss, damit er den Trieb gut in Form hält. Zur Sicherheit verwenden Sie aber den nächststärkeren Draht.
- Drahten Sie vom dickeren zum dünneren Trieb sowie vom inneren zum äußeren Kronenteil (› Abb. 1).
- Arbeiten Sie lieber mit einem langen Draht als mit Stückwerk. Kurze Drähte üben stärkeren Druck auf die Rinde aus. Schneiden Sie vorher die Länge zurecht: Bei Stämmen sollte der Draht gut zweimal so lang sein, wie der Bonsai hoch ist. Bei Zweigen und Ästen rechnet man mit der anderthalbfachen Länge der Triebe.

- Um den Draht zu verankern, stecken Sie ihn neben dem Stamm bis zum Schalenboden in das Substrat. Soll nur ein Ast gedrahtet werden, verankern Sie ihn am Stamm sowie am darüber- oder darunterliegenden Ast (› Abb. 2+3).
- Lassen Sie den Draht locker und ohne dass er sich verdreht durch die Hand gleiten. Er sollte fest auf der Rinde liegen, ohne sie zu verletzen.
- Die Windungen sollten im gleichen Abstand voneinander erfolgen und sich nicht überkreuzen. Wenn ein Draht anfängt einzuwachsen, kann man ihn dann ungehindert wieder abwickeln.
- Biegen Sie die abgeschnittenen Enden zur Schlaufe, um Verletzungen vorzubeugen.

In die richtige Form biegen

Nach dem Drahten biegen Sie Stamm und Triebe in die gewünschte Form. Vorsichtig! Wenn etwas abbricht, ist es in der Regel verloren. Angebrochene Äste sollte man nicht mehr durch Biegen belasten.

Rechtzeitig abwickeln

Die Drähte werden abgenommen, sobald die Triebe in der gewünschten Form bleiben. Das ist, je nach Art, in drei bis zwölf Monaten der Fall. Entfernen Sie die Drähte jedoch sofort, wenn sie einzuwachsen beginnen (› Abb.). Sollte der Trieb noch nicht die richtige Form haben, legen Sie den Draht nach einigen Wochen erneut an, aber neben die vorherigen Auflagestellen.

1

Anschauliches Modell
Das Grundgerüst des Drahtens ergibt sich aus den dicksten Drähten am Stamm. Mit dünneren Drähten führen Sie die Arbeit bis in die äußeren Kronenteile fort.

2

Nach oben drahten
Hier soll der untere Ast nach oben oder hinten gebogen werden. Dafür wird der Draht an der Ansatzstelle des Astes von unten auf den Ast geführt, um diesen zum Stamm ziehen zu können.

3

Nach unten drahten
Hier ist es umgekehrt: Der Ast soll nach unten oder vorne gedrahtet werden. Dementsprechend führt man den Draht in seiner ersten Windung an der Ansatzstelle des Astes von oben her.

>PRAXIS

Formschnitt: Laub- und Nadelgehölze

Wenn der Bonsai in Form gedrahtet ist, lautet das nächste Etappenziel, das Erscheinungsbild des Baumes zu vervollkommnen. Dies erreichen Sie durch einen planvollen Rückschnitt, der sich bei Laub- und Nadelgehölzen etwas unterscheidet.

Das Grundgerüst des Bonsai ist fertig aufgebaut. Somit können Sie nun damit beginnen, mittels Formschnitt die Feinverzweigung zu fördern und die Größe des Baumes zu erhalten. Langfristig hat dies auch eine natürliche Verkleinerung der Blätter zur Folge.

Der Schnittzeitpunkt

Lassen Sie Ihrem in den vorangegangenen Schritten frisch in die Schale getopften und gedrahteten Bonsai ein Jahr Zeit, sich zu erholen. Schnei-

1

Ahorn vor dem Formschnitt
Der Bonsai ist gut gewachsen. Nun sind die stärkeren Triebe so lang geworden, dass die Krone wieder in Form geschnitten werden muss. Die schwächeren Triebe lassen Sie stehen, denn sie sollen noch etwas zulegen.

2

Stark genug zurückschneiden
Die Langtriebe schneiden Sie auf das von der Spitze aus nächste Blattpaar zurück, das rechts und links des Triebes angeordnet ist. Diese beiden Blätter entfernen Sie auch, damit die Knospen in deren Achseln austreiben.

Ahorn nach dem Formschnitt
Die Krone wirkt jetzt wieder h monisch. Da die Langtriebe a rechts und links liegende Kn pen zurückgeschnitten wurd erfolgt der Neuaustrieb, wie gewünscht, horizontal und n nach oben oder unten.

den Sie ihn zu früh, gehen ihm zu viele Blätter verloren und der Baum wird zu stark geschwächt. Kräftiger Zuwachs ist außerdem gewünscht. Er liefert Ihnen die Voraussetzungen, die Form weiter aufzubauen und zu vervollkommnen.

- Der erste Formschnitt bei Laubgehölzen erfolgt, sobald die Pflanzen ausgetrieben haben, etwa im April oder Mai.
- Bei Nadelgehölzen ist der beste Zeitpunkt im Frühjahr, wenn sich der Neuaustrieb zu den sogenannten Kerzen entwickelt hat, also noch keine Nadeln zu sehen sind.

Nicht alles auf einmal

Die Äste und Zweige eines Baumes treiben nie gleich stark aus. Daher sind sie zu einem bestimmten Termin unterschiedlich stark entwickelt. Bei Laub- und einigen Nadelgehölzen, wie Wacholder, Hemlocktanne und Eibe, schneiden Sie demzufolge nur die kräftigsten Triebe. Dadurch haben die schwächeren eine Chance, aufzuholen. Der Formschnitt erfolgt also über mehrere Tage oder sogar Wochen.

So schneiden Sie Laubgehölze in Form

Eine elementare Technik des Formschnitts folgt dem sogenannten V-Prinzip. Das bedeutet, dass, vom Stamm aus gesehen, bei dem Schnitt eines Triebes stets nur eine einfache Verzweigung verbleiben darf (› Abb. 2). Dabei wird die bevorzugte Knospe an der Triebspitze (› Seite 17) entfernt. Das regt die näher am Stamm liegenden schlafenden Knospen an, auszutreiben. Das Ergebnis ist eine weitere Verzweigung durch feinere und schwächere Äste mit entsprechend kleineren Blättern.

Für Leitäste, die sich besser verzweigen sollen, gilt das V-Prinzip genauso: Schneiden Sie deren Seitentriebe nach dem Laubaustrieb auf die dem Leitast am nächsten liegende Verzweigung zurück. Die aus den schlafenden Knospen austreibenden Triebe pinzieren Sie (› Seite 65).

Mut zum kräftigen Schnitt

Gehen Sie bei diesem Schritt zu zaghaft vor, verzweigt sich der Baum zu weit vom Stamm entfernt. Die Krone verkahlt mit der Zeit von innen. Sie können das korrigieren, indem Sie auf einen näher am Stamm liegenden Ast zurückschneiden und die Verzweigung neu aufbauen. Ersparen Sie sich diesen Zeitverlust!

Den Formschnitt fortführen

Die nach dem Formschnitt erneut ausgetriebenen Zweige werden pinziert (› Seite 65). Dafür werden die Triebe mit einer Pinzette oder von Hand ausgebrochen, bevor sich die Knospen öffnen. Dieses »Pilgerschrittverfahren« (zwei vor, einer zurück), also der Wechsel zwischen Wachstum und Formschnitt, erlaubt es, die Verzweigung in jeder Höhe der Krone zu steuern.

Schneiden Sie den Wacholderlangtrieb so zurück, dass er knapp innerhalb der Krone endet.

Bei Kiefern gelten andere Regeln

Wacholder, Hemlocktanne, Eibe und Fichte behandeln Sie beim Formschnitt ähnlich wie Laubgehölze. Bei Kiefern können Sie jedoch meist nur mit einem Austrieb pro Jahr rechnen. Daher schneidet man sie auf die nächstschwächere Knospe zurück, indem Sie die Kerze mit den Fingern um etwa zwei Drittel ihrer Länge kürzen (› Abb. Seite 65).

Das Ende der Aufbauphase ist in Sicht

Den Formschnitt führen Sie so viele Jahre aus, bis die Form des Bonsai stabil ist und Drahten nur noch gelegentlich zur Korrektur eines Details nötig ist. In der Folge brauchen Sie nur die Höhe und die Form des Bonsai erhalten und höchstens durch kleinere Eingriffe verfeinern (› Seite 64/65).

>PRAXIS

Der Erhaltungsschnitt

Sobald ein Baum zu einem harmonischen Bonsai herangewachsen ist, ändert sich Ihre Aufgabe: Von nun an besteht sie darin, seine Größe, das Gleichgewicht zwischen Wurzeln, Stamm und Krone sowie seine attraktive Form auf Dauer zu erhalten.

Beim Formschnitt galt es, kräftig zurückzuschneiden, um die Verzweigung zu fördern und den Zuwachs an Höhe im Rahmen zu halten. Im Gegensatz dazu gehen Sie beim Erhaltungsschnitt behutsamer vor. Er dient der Erhaltung der Größe und Form sowie der Vervollkommnung. Sie zielt auf eine noch feinere Verzweigung und die Bildung der feinen Rinde hin, die sich über Jahre entwickelt. Somit erhöht das Altern und Reifen in der Schale den Wert des Baumes. Zum Erhaltungsschnitt gehört

1

Fichte vor dem Pinzieren
Die frischen, hellgrünen Triebe zeigen, dass der Baum in diesem Frühjahr kräftig ausgetrieben hat. Der »Wildwuchs« stört die Kontur. Alle quer, nach unten oder steil nach oben wachsenden Triebe müssen entfernt werden.

2

Den Neuaustrieb pinzieren
Zupfen Sie den noch krautigen Neuaustrieb der Fichte mit den Fingern um etwa zwei Drittel ab. Halten Sie dabei den hinteren Teil des Triebes mit der anderen Hand fest, damit er nicht versehentlich mit abgerissen wird.

Fichte nach dem Pinzieren
Durch die Entfernung des »W wuchses« ist wieder eine kla Struktur zu erkennen und de offene Aufbau zwischen den Astpartien deutlich. Die gesa te Silhouette wurde durch de Schnitt etwas zurückgenomm

in späteren Jahren außerdem die gelegentliche Verjüngung bestimmter Kronenpartien.

Ausputzen und Verjüngung der Krone

Der Erhaltungsschnitt dient zunächst dazu, die Kronen von störenden Ästen zu befreien und gelegentlich zu verjüngen. Der beste Zeitpunkt dafür ergibt sich aus den Wachstumsschüben der Bäume. Diese sind bei Laub- und Nadelgehölzen unterschiedlich.

- Laubgehölze treiben meist früher aus als Nadelgehölze. Der Schnitt erfolgt im Frühjahr, wenn die neuen Triebe sich zu strecken beginnen.
- Bei Nadelgehölzen wartet man dafür so lange, bis der Neuaustrieb sich entwickelt, aber noch unverholzt ist und keine Nadeln gebildet hat.
- Bei zweinadeligen Kiefernarten können Sie damit bis Mitte August warten.
- Diese Termine sind zudem günstig zur Verjüngung.

Systematisch vorgehen

Schneiden Sie mit einer Konkavzange (› Seite 28) alle störenden Äste aus der Krone.

- Entfernen Sie zunächst kranke oder verdorrte Triebe.
- Anschließend schneiden Sie die senkrecht nach oben wachsenden, sogenannten Wasserschosse an ihrer Ansatzstelle heraus.
- Ebenso verfahren Sie mit sich kreuzenden, nach innen wachsenden oder ansonsten das Bild störenden Trieben.

Auf Seitentriebe ableiten

Bei älteren Bonsai ist es zudem nötig, Kronenpartien zu verjüngen. Das schafft Platz und passt die Form wieder an. Nehmen Sie dafür verzweigte Leitäste nicht komplett am Stamm heraus. Schneiden Sie diese stattdessen auf einen schwächeren Seitentrieb zurück. Er wird sich daraufhin fein verzweigen und somit diese Kronenpartie wieder füllen.

Schnitt zur Verfeinerung der Krone

Mit dem Erhaltungsschnitt fördern Sie gleichzeitig die feinere Verzweigung der Krone. Ließe man die Bonsai-Triebe kräftig wachsen, ginge das auf Kosten der Feinverzweigung. Wer hier nicht rechtzeitig eingreift, riskiert einen Rückschritt, weil er die Krone eventuell wieder neu aufbauen muss. Der beste Termin dafür ist der gleiche wie für Ausputzen und Verjüngen.

Den Wuchs bremsen

Durch das Pinzieren der Triebe kontrollieren Sie das Wachstum. Damit regen Sie schlafende Augen an, auszutreiben, und fördern somit eine feinere Verzweigung näher zum Stamm bzw. zum nächstgrößeren Ast hin. Dadurch wirkt der Bonsai älter. Obendrein verkürzen sich so die Abstände zwischen den Blättern bzw. Nadeln. Meist wird dies mit einer Pinzette erledigt. Davon leitet sich der Ausdruck »Pinzieren« ab. Entfernen Sie dafür die sich gerade streckenden, neuen Triebe bis auf ein Blatt bzw. Blattpaar, je nach Gehölzart. Das verbliebene Blatt sollte nach rechts oder links weisen. Da nicht sämtliche Triebe gleich stark austreiben, kann sich diese Arbeit über ein, zwei Wochen hinziehen.

Beim Pinzieren drehen Sie die Kerzen der Kiefern mit den Fingern um etwa zwei Drittel ab.

Nadelgehölze pinzieren

Beim Pinzieren der Nadelgehölze gibt es einige Besonderheiten zu beachten.

- Kürzen Sie die Kerzen der Kiefern um die Hälfte bis um zwei Drittel (› Abb.).
- Den Neuaustrieb zweinadeliger Kiefernarten können Sie bis Mitte August wachsen lassen und dann mit der Schere komplett abschneiden. Dadurch bilden sich bis ins alte Holz neue Knospen, die sich im Folgejahr öffnen werden.
- Zupfen Sie den Neuaustrieb von Fichte, Thuja und Hemlocktanne um zwei Drittel ab (› Abb. 2).

>PRAXIS

Das fachgerechte Ein- und Umtopfen

Sobald ein Gehölz durch die Aufbau- oder Reduktionsmethode zum Bonsai geworden ist, setzt man es in eine Schale. Wird es seinen Wurzeln darin nach einigen Jahren zu eng, ist es Zeit, es umzutopfen.

BONSAI IN FRISCHES SUBSTRAT UMTOPFEN

J	F	M	A	M	J	J	A	S	O	N	D

Zeitbedarf:

- 60 Min. pro Bonsai

Material:

- Bonsai
- Schale, Substrat

Werkzeug, Zubehör:

- Sichel, Wurzelkralle
- scharfe Schere
- Siebe, Draht, Erdschütte, Holzstab, Handbesen

In der Natur können die Wurzeln eines Baums immer weiterwachsen. In einer Bonsai-Schale gibt es dafür weniger Raum. So benötigen die Wurzelballen von Pflanzen, die erstmalig in eine Schale kommen, eine Anpassung an die flache Gefäßform. Die Wurzelballen der Bonsai, die bereits in einer Schale stehen, dünnt man aus, um wieder Platz zu schaffen, und topft die Pflanzen in frisches Substrat um.

Zeit zum Umtopfen

Sobald die Bäume so weit sind, dass mit der Gestaltung begonnen werden kann, setzen Sie sie in eine Schale ein.
Jüngere Bonsai in der Schale topft man alle zwei bis drei Jahre, ältere etwa alle drei bis fünf Jahre um. Wenn Wurzeln aus den Abzugslöchern schauen und der Wurzelballen die Schale komplett durchwachsen hat, ist es Zeit zum Umtopfen. Manchmal werden die Pflanzen durch den Platzmangel von den Wurzeln nach oben aus der Schale gedrückt. Das Substrat nimmt Gießwasser oft nur noch langsam auf. Daher wachsen die Bonsai immer schlechter und sind anfälliger für Krankheiten.

Zum Wachstumsbeginn

Am besten verkraften Bonsai die Prozedur, wenn das Wachstum im Frühjahr startet. Das erkennen Sie daran, dass die Knospen schwellen oder beginnen, aufzuplatzen. Auch der Wasserbedarf erhöht sich. Pflanzen mit Wurzelschaden topfen Sie sofort um, egal, welche Jahreszeit gerade ist.

Alte oder neue Schale?

Der Bonsai kann in die gleiche Schale gesetzt werden, es sei denn, die Proportionen zwischen Bonsai und Schale stimmen nicht mehr oder die Wurzel ist zu groß geworden. Die Breite der Schale sollte ca. ein Drittel bis die Hälfte der Höhe des Bonsai betragen.

Wurzeln präparieren

Legen Sie vor dem Ein- und Umtopfen alles bereit, was Sie dafür benötigen: Die Wurzeln trocknen schnell aus, wenn sie freigelegt sind.

Vorbereitung der Wurzeln von »neuen« Bonsai

Bei Pflanzen, die erstmalig in die Schale kommen, bereiten Sie den Ballen vor wie unten beschrieben. Dann kürzen Sie alle Wurzeln ein, bis nur noch die feinen Faserwurzeln übrig geblieben sind.

Behandlung der Wurzeln von »fertigen« Bonsai

Meist sitzt der Wurzelballen so fest, dass man den Bonsai nicht einfach so herausheben kann. Schneiden Sie ihn dann mit

Sichel oder Winkelmesser aus der Schale (› Abb. 1). Nun können Sie die Wurzeln Ihres Bonsai auf das weitere Wachstum vorbereiten.

- Befreien Sie die Wurzeln vom alten Substrat (› Abb. 2). Achten Sie auf Schädlinge, wie Dickmaulrüsslerlarven, Würmer und Schnecken, die sich gern unter dem Stamm ansiedeln, und entfernen Sie diese.
- Verwenden Sie für den Wurzelschnitt sehr scharfe Scheren, um Quetschungen und somit Fäulnis vorzubeugen. Schneiden Sie stets gerade ab, um die Wunde klein zu halten.
- Kürzen Sie die Wurzeln unterhalb des Stammes ein (› Abb. 3). Das fördert das Wachstum flach an der Erdoberfläche wachsender Wurzeln. Sie sind wichtig für einen attraktiven Wurzelverlauf vom Stamm in das Substrat. Entfernen Sie auch schlecht platzierte, am Stamm ansetzende Wurzeln oder kürzen Sie diese ein.
- Um möglichst wenig Schaden anzurichten, arbeiten Sie sich vorsichtig von der Oberfläche in die Tiefe und von außen in den Ballen hinein.
- Abgestorbene Wurzeln, die man an ihrer dunklen Farbe erkennt, werden entfernt.
- Kämmen Sie die Wurzeln mit einer kleinen Wurzelkralle aus (› Abb. 4). Die Bewegung führt dabei vom Stamm weg nach außen. Den freigelegten Wurzelansatz reinigen Sie mit einer Messingbürste.
- Abschließend entfernen Sie noch alle verbliebenen störenden Wurzeln (› Abb. 5).

1 Aus der Schale schneiden Oft sitzt der Wurzelballen zu fest in der Schale. Schneiden Sie dann mit einer Sichel um den Ballen herum am Schalenrand entlang, um ihn herauslösen zu können.

2 Die Wurzeln freilegen Entfernen Sie das alte Substrat. Dazu legen Sie vorsichtig mithilfe einer Sichel oder einer einzinkigen Wurzelkralle so weit wie möglich die Wurzeln frei.

3 Die Wurzeln schneiden Kürzen Sie Wurzeln ein, die nach unten wachsen, ebenso dicke Wurzeln. Insgesamt soll der Wurzelballen um etwa ein Drittel zurückgeschnitten werden.

4 Die Wurzeln auskämmen Kämmen Sie die Wurzeln mit einer feinen Wurzelkralle aus. Dadurch wird der vom Stamm ausgehende Wurzelansatz freigelegt und kann korrigiert werden.

5 Noch etwas Feinarbeit Entfernen Sie abstehende und herunterhängende Wurzeln. Erhalten Sie stets die für die Wasser- und Nährstoffaufnahme wichtigen Faserwurzeln.

6

Die Schale vorbereiten
Legen Sie Siebe über die Abzugslöcher. Ziehen Sie von unten einen Draht durch zwei dieser Löcher. Er dient der Verankerung des Wurzelballens in der Schale.

7

Den Bonsai befestigen
Füllen Sie etwas Substrat auf den Schalenboden. Stellen Sie darauf den Wurzelballen. Den Draht befestigen Sie stramm über den Wurzeln, damit sie Halt haben.

8

Das Substrat einfüllen
Eine Erdschütte oder Erdschaufel ist ein Hilfsmittel für das Auffüllen des Substrats. Damit dieses zwischen die Wurzeln rutscht, klopfen Sie dabei an die Schale.

9

Das Substrat verdichten
Damit keine Hohlräume im Substrat entstehen, verdichtet man es mit einem Holzstab oder mit einem am Ende angeschrägten, abgerundeten (Ess-)Stäbchen.

10

Die Oberfläche glätten
Mit einem Handbesen aus Kokos- oder Sisalfasern fegen Sie die Oberfläche des Substrats glatt. Gießen Sie den Bonsai zum Abschluss gut an.

So kommt der Baum wieder in die Schale

Sobald Sie mit dem Wurzelschnitt fertig sind, geht es ans Eintopfen. Bereiten Sie dafür zunächst die Schale vor.

Das Eintopfen vorbereiten

Die Wasserabzugslöcher von Bonsai-Schalen sind recht groß. Damit das Substrat beim Einfüllen nicht wieder herausrieselt und zudem die Löcher beim Gießen später nicht verstopfen kann, deckt man sie mit speziellen Sieben ab.

- Wenn Sie die Siebe gegen Verrutschen sichern möchten, stecken Sie von oben einen u-förmig gebogenen Draht hindurch. Diesen biegen Sie zu beiden Seiten nach außen gegen den Schalenboden.
- Einen weiteren Draht ziehen Sie nun von unten durch die Abzugslöcher und Siebe hindurch (› Abb. 6). Damit fixieren Sie im nächsten Schritt den Wurzelballen.

Bei höheren Gefäßen können Sie eine Dränageschicht aus grobkörnigem Material, wie Bimskies oder Ähnliches, einbringen. Bei flachen Schalen ist dies nicht erforderlich.

Den Bonsai positionieren

Füllen Sie eine dünne Schicht des Substrats auf den Schalenboden. Nun fällt die Entscheidung, wo der Baum in der Schale platziert werden soll. Dies ist abhängig vom persönlichen Geschmack und dem Charakter des Baumes. Als Faustregel gilt, dass der Bonsai bei runden und quadratischen

Schalen eher in die Mitte kommt, bei länglichen nach dem goldenen Schnitt etwas zur Seite und nach hinten gerückt. Auf welche Seite er kommt, hängt von der Stammneigung bzw. der Kronenform ab: Neigt sich seine Krone nach rechts, setzt man ihn nach links, und umgekehrt.

Die Wurzeln ausrichten

Geben Sie eine Handvoll Substrat an die Stelle, wo der Baum zu stehen kommen soll, und setzen Sie ihn mittig darauf.

- Kontrollieren Sie, ob der Bonsai die richtige Höhe hat: Von vorne betrachtet sollte der Wurzelansatz etwas oberhalb des Schalenrands zu liegen kommen.
- Drehen Sie den Baum vorsichtig etwas hin und her, damit der Wurzelraum unterhalb des Stammes Kontakt zum Substrat bekommt.
- Richten Sie nun die oberen Wurzeln aus. Sie sollten strahlenförmig um den Stamm etwas oberhalb des Substrats verlaufen und dann darin verschwinden. Achten Sie darauf, dass keine Wurzel direkt nach vorne verläuft: Das wirkt optisch ungünstig.
- Sollte der Wurzelansatz noch nicht optimal sein, können Sie einzelne Wurzeln wie die Äste in Form drahten oder spreizen (› Seite 58–61).

Die Wurzeln verankern

Nun drahten Sie die Wurzeln an (› Abb. 7): Der Ballen ist nach dem Schnitt ziemlich locker und vermag den Bonsai folglich nicht sicher in der Schale zu verankern.

- Führen Sie den Draht von unten durch die Abzugslöcher der Schale ein.
- Spannen Sie den Draht so über die Wurzeln, dass er von dem Substrat abgedeckt wird. Bei leichten Bonsai reicht es, nur eine Seite des Wurzelballens anzudrahten. Bei schwereren drahtet man zwei gegenüberliegende Seiten an.
- Wenn Sie Wurzeln oberhalb des Substrats andrahten, müssen sie an den Druckstellen gepolstert werden (› Seite 59).

Die letzten Schritte

Füllen Sie nun die Schale mit dem Substrat auf (› Abb. 8).

- Achten Sie darauf, dass möglichst keine Hohlräume entstehen. Um diese zu stopfen, schiebt man das Substrat mit einem Holzstab vorsichtig zwischen die Wurzeln (› Abb. 9).
- Glätten Sie die Oberfläche des Substrats mit einem Handbesen für Bonsai (› Abb. 10).
- Abschließend gießen Sie den Bonsai vorsichtig so lange an, bis das Wasser, das aus den Abzugslöchern läuft, klar und frei von Schwebstoffen ist.

Die Pflege danach

Durch die Aus- und Eintopfprozedur und den Wurzelschnitt werden die Bonsai ein wenig geschwächt. Daher sollten Sie sie im Anschluss schonend behandeln.

Eine Kur zur Stärkung

Passen Sie in den ersten paar Wochen nach dem Umtopfen Standort, Wassergaben und Düngung etwas an.

- Stellen Sie den Bonsai an einen halbschattigen, vor Zug und Wind geschützten Platz. Sie sollten ihn dort außerdem gut im Auge haben, damit Sie gleich reagieren können, wenn ihm z. B. Wasser fehlt.
- Achten Sie beim Gießen besonders darauf, den Bereich um den Stamm, wo die Wurzeln liegen, zu befeuchten. Im äußeren Schalenbereich, wo noch keine Wurzeln sind, bleibt das Substrat länger nass und gaukelt vor, dass dem Baum ausreichend Wasser zur Verfügung steht.
- Geben Sie frühestens dann wieder einen Dünger, wenn der Bonsai deutliche Anzeichen des Wachstums zu zeigen beginnt.

Tipp

DIE WURZELN ÜBER DAS SUBSTRAT HEBEN

Ein attraktiver Wurzelansatz vermittelt den Eindruck eines alten Baumes. Daher holt man die unterirdisch gewachsenen Wurzeln bei jedem Umtopfen ein Stückchen weiter über das Substrat, sobald sie ein gutes Verhältnis zur Stammdicke entwickelt haben. Wenn sie wie beim Vorbild in der Natur vom Ansatz allmählich in das Substrat abtauchen, verbleiben sie auf dieser Höhe.

Weiterführende Techniken

Wenn Sie die in den vorangegangenen Kapiteln beschriebenen Methoden zur Gestaltung von Bonsai beherrschen, sind Sie längst kein Anfänger mehr. Jetzt ist demnach Zeit, sich spezielle Kniffe anzueignen. Damit perfektionieren Sie die Gestalt Ihrer Bäumchen und verleihen ihnen einen individuellen Charakter.

Vor rund zwanzig Jahren fiel mir bei importierten Bonsai auf, dass einige Äste etwas unnatürlich am Stamm ansaßen. Bei genauerer Betrachtung entdeckte ich Reißnagelreste. Hier war getrickst worden: Die Bäume besaßen nun Äste, wo vorher keine waren!

Der Natur abgeschaut

Tricks, wie das Hinzufügen eines Astes, sind legitim: Findige Bonsai-Gestalter entwickelten diese aus natürlich vorkommenden Phänomenen. Sonst würden sie gar nicht funktionieren. Wer den Aufbau des Holzes (› Seite 16/17) und die Grundlagen des Wachstums kennt (› Seite 18/19), weiß auch, wie man nachträglich einen an einer bestimmten Stelle fehlenden Ast »montiert« (› Seite 74–77). Ebenso können Sie das Dickenwachstum von Ästen und Stamm gezielt fördern und den Bonsai somit älter wirken lassen (› Seite 78/79). Richtig betagt kommt er daher, wenn Sie partienweise Totholz in Szene setzen (› Seite 82/83). Damit lassen sich sogar Pannen, z. B. Astbruch, mit Gewinn »vertuschen«.

Auf lange Sicht

Bis Sie anhand der Spezialtechniken messbare Ergebnisse verzeichnen, vergehen Jahre. Der Grund: Die Behandlungen belasten den Bonsai. Oft darf man sie nur einmal jährlich anwenden, damit er genügend Zeit hat, sich zu erholen.
Hier zeigt sich wieder einmal, dass Geduld die wichtigste Fähigkeit ist, die Sie für die erfolgreiche Gestaltung von Bonsai mitbringen müssen.

Sauber arbeiten

Die beschriebenen Methoden für Fortgeschrittene bestehen aus Handgriffen, die mehr oder weniger große Schnittwunden hinterlassen. Achten Sie also ganz besonders auf sauberes Werkzeug. Desinfizieren Sie es stets vor Gebrauch, beispielsweise mit Spiritus. Durch die fachgerechte Versorgung der Wunden (› Seite 80/81) beugen Sie zudem Infektionen und unansehnlichen Narben vor.

Junge Bonsai (li.) haben einen langen Weg vor sich, bis sie die gleiche Wirkung wie alte, ausdrucksvolle Exemplare (re.) erzielen.

>PRAXIS

Lösung für viele Probleme: Abmoosen

Mit einem speziellen Kniff können Sie Stamm, Äste oder Zweige an der Pflanze bewurzeln. Das ist eine gute Methode, um beispielsweise einen Stamm zu verkürzen oder seltene Arten zu vermehren.

ABMOOSEN EINES PFLANZENTEILS

J	F	M	A	M	J	J	A	S	O	N	D

Zeitbedarf:
- 15 Min. pro Pflanze

Material:
- Bonsai bzw. Gehölz

Werkzeug, Zubehör:
- scharfes Messer, Spiritus zur Desinfektion
- Füllmaterial, z. B. Moos, Kokosfaser, Anzuchterde
- transparente Folie, Draht

Beim Abmoosen bringt man einen Gehölzteil mit bis zu 15 cm Durchmesser dazu, an einer bestimmten Stelle Wurzeln zu entwickeln. Darunter trennt man den Gehölzteil vom Rest der Pflanze ab.

Ziele des Abmoosens

Ein Pflanzenteil abzumoosen dient verschiedenen Zwecken.
- Einen unattraktiven Wurzelansatz umzuformen kann aufwendiger sein, als den Stamm abzumoosen und die neuen Wurzeln ideal zu gestalten.
- Setzt die Krone zu hoch an, können Sie durch Abmoosen den Stamm verkürzen.
- Große Wunden sowie unschöne Pfropf- bzw. Veredlungsstellen im unteren Stammbereich lassen sich durch Abmoosen entfernen.
- Seltene Arten kann man durch Abmoosen vermehren.
- Die Technik erlaubt, interessante Teile im Garten stehender Gewächse zu gewinnen.
- Im Fall, dass ein Gehölz droht, einzugehen, können Sie einen Teil davon durch Abmoosen retten.

Die Wurzelbildung

Um an einer gewünschten Stelle die Wurzelbildung in Gang zu setzen, greifen Sie in die biologischen Abläufe des Baumes ein. Unterbrechen Sie den Saftstrom (› Seite 18/19), indem Sie einen Rindenstreifen samt Bast (› Seite 16/17) ablösen. Der dadurch entstehende Saftstau signalisiert dem Gehölz die offene Wunde. Zum Verschließen bildet es Wundgewebe (› Seite 80/81). Dieser sogenannte Kallus bildet an der Luft Rinde, in der Erde Wurzeln. Um Letzteres zu erzielen, halten Sie die Wunde also dunkel und feucht.
In der Austriebsphase kann die Pflanze zügig Wundkallus und somit Wurzeln bilden. Der beste Zeitpunkt für das Abmoosen ist also das Frühjahr.

Schritt 1: Ringeln

Die entstehende Wunde darf nicht eintrocknen. Sie müssen also zügig arbeiten.
Zum Abmoosen brauchen Sie ein desinfiziertes Messer.
- Auf der Höhe, an der die Wurzeln entspringen sollen, machen Sie rund um das Pflanzenteil einen Schnitt. Dieser darf nur bis zum Kambium (› Seite 16/17) reichen: Wenn Sie bis ins Holz schneiden, durchtrennen Sie die nach oben führenden Leitungsbahnen. Dadurch würden darüberliegende Teile absterben.
- Darunter machen Sie einen zweiten, parallelen Schnitt. Der dadurch entstehende Rindenstreifen sollte anderthalb mal so breit sein wie die Dicke des Stammes, maximal 3 cm.
- Verbinden Sie beide durch einen senkrechten Schnitt.

- Schälen Sie die Rinde ringförmig ab (› Abb. 1) und schaben Sie mit dem Messer alle losen Teile weg.
- Befestigen Sie eine transparente Folie mit Draht unterhalb der geringelten Stelle. Füllen Sie diese mit angefeuchtetem Material, z. B. Moos, und binden Sie die Folie oberhalb der Ringelung zu.

Schritt 2: Abtrennen

Durch die Folie können Sie die Bildung der Wurzeln verfolgen. Sobald sie sich ausreichend entwickelt haben (› Abb. 2), trennt man das Pflanzenteil ab. Das dauert bei manchen Arten nur vier Wochen, bei anderen dagegen zwei, drei Jahre. Laubbäume bewurzeln schneller als Nadelgehölze.

Fachgerecht »abnabeln«

- Schneiden Sie den abzumoosenden Teil mit einer Astschere oder einer Säge ab.
- Nehmen Sie die Folie weg.
- Schneiden Sie die Stelle unterhalb der neuen Wurzeln mit einer Knospenzange (› Seite 28) nach (› Abb. 3).
- Befestigen Sie die Pflanze auf einem Ankerstein (› Abb. 4).
- Füllen Sie das Substrat auf (› Abb. 5) und gießen Sie an.

Pfleglich behandeln

Stellen Sie die abgemooste Pflanze an einen halbschattigen, vor Wind geschützten Ort, bis sie sichtlich weiterwächst. Nach einer Woche geben Sie bereits eine leichte Düngung.

1

Rindenstreifen entfernen
Das obere Pflanzenteil mit der Verzweigung soll abgemoost werden. Entfernen Sie dort, wo die Wurzeln entstehen sollen, die Rinde samt Bastteil.

2

Gut durchwurzelt
Die Folie mit dem feuchten Füllmaterial wurde über und unter der Ringelung gut befestigt. Inzwischen haben sich darin Wurzeln gebildet und gut entwickelt.

3

Trennschnitt korrigieren
Schneiden Sie die Stelle, wo der Pflanzenteil abgetrennt wurde, bis auf die Höhe des neuen Wurzelansatzes nach. Möglichst viel Füllmaterial belassen!

4

Die neue Pflanze fixieren
Fixieren Sie die Pflanze wackelfrei auf dem Ankerstein. Das gelingt mit drei gleichmäßig verteilten, am Anzuchttopf befestigten Spanndrähten.

5

Fertig eintopfen
Füllen Sie den Topf mit Anzuchterde auf. Dann bedecken Sie das Substrat mit dem restlichen Füllmaterial: So setzen Sie die Verdunstung herab.

>PRAXIS

Einen Ast durch Anplatten einfügen

Manchmal fehlt für den harmonischen Wuchs der Krone an einer bestimmten Stelle ein Ast. Diesen kann man, ähnlich wie es bei der Veredlung von Obstbäumen üblich ist, durch Anplatten einfügen.

EIN REIS IM BONSAI ANPLATTEN

J	F	M	A	M	J	J	A	S	O	N	D

Zeitbedarf:

- 15 Min. pro Reis

Material:

- Bonsai
- evt. eine zweite Pflanze derselben Art bzw. Sorte

Werkzeug, Zubehör:

- scharfes Messer
- Reißnägel
- Wundverschluss

Die Technik des Anplattens beruht auf einem Naturphänomen: Reiben zwei Äste ständig aneinander, entstehen an beiden Ästen Wunden. Die Kambien (› Seite 16/17) reagieren darauf mit der Bildung von Kallus (› Seite 80/81). Bei der Heilung verschmelzen die Wundgewebe der Äste, und diese wachsen zusammen. Beim Anplatten fügt man gezielt die freigelegten Kambien von Reis und Stamm bzw. Leitast aneinander.

Gute Planung

Meist plattet man ein vitales, einjähriges Reis aus derselben Pflanze an. Dabei bleiben die zu verbindenden Teile am Baum, bis sie fest zusammengewachsen sind. Das Reis muss leicht an die Stelle zu biegen sein, wo der »neue« Ast eingefügt werden soll. Selten bietet sich ein solches Reis bereits an. Daher müssen Sie ein Jahr im Voraus planen, indem Sie günstige, lange Triebe beim Formschnitt (› Seite 62/63) aussparen. Markieren Sie sie mit einem Etikett, um sie nicht versehentlich abzuschneiden. Die Vorbereitung kann man sich sparen, wenn man den Trieb eines zweiten Gehölzes der gleichen Art bzw. Sorte anplattet. Der Nachteil ist, dass die Pflanzen so lange nebeneinander stehen bleiben müssen, bis Reis und Stamm bzw. Leitast fest verwachsen sind.

Der Termin zum Anplatten

Angeplattet wird im zeitigen Frühjahr, solange noch kein Saftdruck vorhanden ist. Zum einen haben Sie dann Platz zum Arbeiten, weil kein Laub im Weg ist. Zum anderen bluten Wunden in dieser Zeit sehr stark (› Seite 80/81).

Der Ast wird eingefügt

Prüfen Sie, ob Sie das für das Anplatten vorgesehene Reis an die geplante Stelle biegen können, ohne es zu brechen oder zu stark zu krümmen. Es sollte zudem mindestens 15–20 cm über die Anplattstelle hinausragen. Richten Sie sich das Arbeitsmaterial, bevor Sie beginnen: Die Schnitte dürfen nicht austrocknen, daher müssen Sie zügig arbeiten.

Operation mit »Assistent«

Bitten Sie jemanden, Ihnen zu assistieren: Zum Fixieren brauchen Sie eine »dritte« Hand.

- Schneiden Sie dort, wo Sie den Trieb einfügen möchten, mit dem Messer eine Kerbe (› Abb. 1). Sie sollte halb so tief ins Holz hineinreichen, wie das anzuplattende Reis dick ist.
- Biegen Sie das anzuplattende Reis über die Kerbe. Merken Sie sich, wo es mit der Unterseite auf der Kerbe liegt.

- Schaben Sie an dieser Stelle des Reises mit dem Messer vorsichtig die Rinde bis zum Holzteil weg. Der Schnitt sollte halb so lang wie die Kerbe sein.
- Achten Sie auf glatte Schnittränder, damit das Reis sicher anwächst. Die Wunde darf nicht eintrocknen oder durch Rindenreste verunreinigt sein.
- Legen Sie Reis und Kerbe Wunde auf Wunde und bitten Sie ihren »Assistenten«, das Reis festzuhalten.
- Fixieren Sie es mit einem sauberen Reißnagel (› Abb. 2).
- Decken Sie die Stelle nun mit Wundverschluss ab.

Nachsorge betreiben

Sechs bis acht Wochen nach dem Anplatten deuten ersten Risse im Wundverschluss an, dass die Triebe miteinander verwachsen. Die Stelle verdickt sich im Lauf der Zeit durch die Kallusbildung (› Abb. 3). Sollte sich der Wundverschluss zu weit öffnen oder abblättern, wird er entfernt und erneuert. Mitte Mai des folgenden Jahres ist das Reis soweit angewachsen, dass es nun vom Leitast versorgt wird, auf den es angeplattet ist. Daher können Sie den nun nicht mehr benötigten Teil des Reises unterhalb der Anwachsstelle abtrennen (› Abb. 4). Nach weiteren vier Monaten ist die Wunde völlig verheilt (› Abb. 5). Rückschnitte können Sie nach einem Jahr durchführen. Falls Sie das Reis durch Spreizen oder Drahten formen wollen, warten Sie damit drei Jahre.

1

Kerbe schneiden
Die Richtung der Kerbe am Leitast bestimmt, in welchem Winkel der Ast wachsen wird. Idealerweise bringt man die Kerbe horizontal oben auf dem Ast an.

2

Reis mit Reißnagel fixieren
Entfernen Sie etwas Rinde am Reis und biegen Sie es auf die Kerbe. Reißnagel dicht neben dem Reis in das Holz stecken, sodass der Nagelkopf es fixiert.

3

Regelmäßig überprüfen
Ein Jahr nach dem Anplatten ist die Kallusbildung gut zu erkennen. Dabei darf der Nagel gern ein wenig einwachsen: Kallus bildet sich am stärksten bei Druck.

4

Das Reis abtrennen
Schneiden Sie das Reis dort, wo es an der Anplattstelle eintritt, ab. Schneiden Sie die Wunde mit dem Messer sauber nach und behandeln Sie sie mit Wundverschluss.

5

Ruhepause gönnen
Nach vier Monaten ist die Wunde verheilt. Markieren Sie das Reis mit einem datierten Etikett: Es ist erst nach drei Jahren fest verwachsen.

>PRAXIS

Durch Bohrpfropfen einen Ast einfügen

Wenn Sie einen zusätzlichen Ast anbringen wollen, können Sie ein Reis auch in einem Bohrloch anwachsen lassen. Die Methode ist zudem nützlich, um fehlende Wurzeln am Wurzelansatz zu ergänzen.

Zuweilen ist das Anplatten (› Seite 74/75) nicht sinnvoll. Es hinterlässt größere Wunden, die man an der Vorderseite des Bonsai ungern sieht. Manchmal ist der Stamm bzw. ein Ast im Weg oder die gewünschte Aststellung nicht zu verwirklichen. Auch einen zusätzlichen Ast am Stamm anzubringen, ist durch Anplatten schwierig. Dann setzen Bonsai-Gestalter den fehlenden Ast durch Bohrpfropfen ein. Wie beim Anplatten legen Sie verletzte Kambiumschichten aufeinander, die daraufhin zusammenwachsen. Diese Technik können Sie auch nutzen, um fehlende Wurzeln am Wurzelansatz zu ergänzen. Das erfolgt am besten beim Umtopfen (› Seite 66–69).

Dort, wo das Reis am Stamm ansetzen soll (li.), verwachsen die beiden Kambien miteinander.

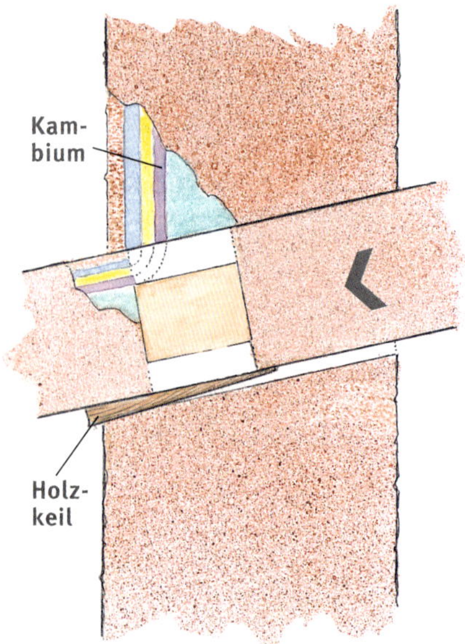

Die Voraussetzungen

Beim Bohrpfropfen mache ich gute Erfahrungen mit langen Wasserschossen, die nach starkem Rückschnitt entstehen. Im Idealfall sitzen sie unterhalb der gewünschten Astansatzstelle hinter dem Stamm und sollten maximal ein Viertel des Stammdurchmessers betragen. Sie können genauso gut auch das Reis einer Jungpflanze derselben Art bzw. Sorte verwenden. Dieses binden Sie am Bonsai fest, bis das Reis fest mit ihm verwachsen ist.

Von langer Hand planen

Markieren Sie das Reis mit einem Etikett, damit es nicht dem Formschnitt zum Opfer fällt. Es soll für das Bohrpfropfen möglichst dünn bleiben. Um das Dickenwachstum zu bremsen, fördert man den Neuaustrieb der Blätter (› Seite 78/79). Dafür entblättern Sie Mitte Juni das Reis, indem Sie die Blattstiele mit einem scharfen Skalpell abschneiden.

Schritt für Schritt

Für die eigentliche Prozedur warten Sie bis kurz vor dem Knospenschwellen im zeitigen Frühjahr. Richten Sie sich eine Bohrmaschine, scharfe Bohrer mit Durchmessern in Zehntelmillimeter-Abstufungen, eine Schieblehre, ein scharfes Messer und kleine Holzkeile her. Sehr wichtig ist ein Gefäß mit Spiritus zum Desinfizieren.

- Messen Sie den Durchmesser des Reises (› Abb. 1).
- Setzen Sie den Bohrer an der für den Ast vorgesehenen Stelle an. Achten Sie dabei auf den Winkel, in dem der Ast später ansetzen soll.
- Bohren Sie ein Loch durch den Stamm des Bonsai.
- Schneiden Sie an der Rinde entstandene ausgefranste Ränder mit einem Messer glatt.
- Führen Sie das Reis von der Stammrückseite durch die Bohrung. Vorsichtig, um die Knospen nicht zu verletzen!
- Das Reis ist weit genug durch die Bohrung geschoben, wenn es mindestens 15–20 cm aus der Vorderseite des Stam-

mes herausragt. Am Reis sollten sich zwei bis drei Augen oder Augenpaare befinden, die im Idealfall an der Seite liegen.

- Ziehen Sie den Trieb etwas weiter aus der Stammvorderseite heraus. Ringeln (› Seite 72/73) Sie den dabei hervortretenden Reisabschnitt über 3–5 mm. Bei Reisern mit weniger als 3 mm Durchmesser schabt man nur die Rinde auf der Oberseite des Reises ab.
- Schieben Sie die geringelte Stelle wieder in das Loch, sodass das Kambium des Reises und das des Stammes einander annähernd überdecken (› Abb. li.).
- Fixieren Sie das Reis mit einem Holzkeil (› Abb. 2).
- Schneiden Sie die nach außen überstehenden Teile der Keile mit der Konkavzange bündig mit dem Stamm ab.
- Schützen Sie Wunden mit Wundverschluss (› Abb. 3).

Nach dem Anwachsen

Wie schnell Reis und Stamm miteinander verwachsen, hängt von der Baumart ab. Wann es soweit ist, erkennen Sie am Astring (› Abb. 4), der sich bei der Heilung bildet. Warten Sie, bis der neue Ast mindestens doppelt so dick ist wie das Teil des Reises, das auf der Rückseite in den Stamm eintritt. Dieses können Sie dann an der Eintrittsstelle abschneiden. Markieren Sie den neuen Ast mit einem datierten Etikett: Er sollte in den folgenden drei bis vier Jahren nicht gespreizt bzw. gedrahtet werden.

1

Passenden Bohrer ermitteln
Wählen Sie einen Bohrer mit einem etwa 0,5–1 mm größeren Durchmesser als der des Reises. Er sollte scharf und desinfiziert sein, damit die Bohrung nicht ausfranst und sauber bleibt.

2

Reis mit Keilen fixieren
Damit das Reis im Bohrloch nicht verrutscht, schieben Sie einen Holzkeil an der Astansatzstelle hinein. Falls nötig, bringen Sie einen zweiten Keil von der Stammrückseite her in das Loch ein.

3

Die Wunden versorgen
Sichern Sie das Reis mit Holzkeilen im Bohrloch. Bedecken Sie beide Seiten des Bohrlochs mit Wundverschluss als Schutz gegen Regen und Schadinsekten.

4

Das Reis ist angewachsen
Die ehemalige Wunde bildet nun einen schönen Astring, wo sich die Leitungsbahnen von Stamm und Ast trennen. Der neue Ast ist zudem deutlich dicker geworden.

>PRAXIS

Förderung des Dickenwachstums

Ein dicker Stamm und dickere Äste im unteren Kronenbereich erzeugen den Charakter eines älteren und reifen Baumes. Den Weg dahin können Sie mit bestimmten Techniken gezielt verkürzen.

Jüngere Bonsai haben oft den Nachteil, dass man ihnen ihr Alter ansieht. Sie sind bestrebt, größer zu werden, und wachsen deshalb bevorzugt im oberen Kronenbereich (› Seite 18/19). Stamm und untere Äste bleiben dadurch schlanker, als Bonsai-Gestalter sich das wünschen. In diesem Fall können Sie sich die Wachstumsgesetze der Gehölze zunutze machen, um sie optisch schneller altern zu lassen.
Im Sonnenlicht produzieren die Blätter Assimilate (› Seite 16/17). Mit den gewonnenen Nährstoffen fördern sie unter anderem das Dickenwachstum der Pflanze. Diesen Prozess können Sie zur Vergrößerung des Ast- und Stammdurchmessers nutzen.

Äste gezielt verdicken

Wenn Sie möchten, dass bestimmte Äste dicker werden, stehen Ihnen zwei Möglichkeiten zur Verfügung: Sie erreichen Ihr Ziel einerseits durch den gezielten Blattschnitt, zum anderen durch gelenkte Spitzenförderung (› Seite 18).

Spitzenförderung nutzen

Äste, die im steilen Winkel am Stamm ansitzen, wachsen stärker in die Länge und Breite als solche mit flacherem Winkel (› Seite 18/19). Das geht aber auf Kosten der Verzweigung. Sie können Äste also für mehr Zuwachs nach oben ziehen. Später muss man sie wieder in den erwünschten, flachen Winkel zurückformen. Deshalb ist diese Maßnahme nur für die früheren Entwicklungsphasen eines Bonsai zu empfehlen.
Die Spitzenförderung kann auch in Spezialfällen sinnvoll sein, z. B. bei durch Bohrpfropfung (› Seite 76/77) angebrachten Ästen, die schnell länger und dicker werden sollen.

Selektiver Blattschnitt

Entlaubte Äste sind auf Kosten des Dickenwachstums damit beschäftigt, neue Blätter hervorzubringen. Der belaubt gebliebene Ast dagegen wird währenddessen besser mit Nährstoffen versorgt.
Beim selektiven Blattschnitt entlauben Sie die Krone bis auf die Äste, die dicker werden sollen. Ein guter Zeitpunkt für diese Maßnahme ist Mitte Mai.

- Wählen Sie den Ast aus, dessen Dickenwachstum Sie fördern möchten. Er behält seine Blätter.
- Entlauben Sie alle anderen Äste (› Abb. 1). Um die Knospen in den Blattachseln nicht zu verletzen, schneiden Sie die Blattstiele in der Mitte durch. Die Stielreste trocknen ein und fallen mit der Zeit ab.

Für den Baum ist das recht kräftezehrend. Muten Sie ihm diese Prozedur nur zu, wenn er gesund und kräftig ist, und dann auch nur einmal jährlich.

Zusätzliche Maßnahmen

Mit einigen Kniffen verstärken Sie die Wirkung des selektiven Blattschnitts und erzielen dabei noch positive Nebeneffekte.

- Führen Sie beim Entfernen der Blätter gleichzeitig noch einen leichten Rückschnitt der entlaubten Bereiche durch (› Seite 64/65). Hiermit erreichen Sie eine immer feinere Verzweigung. Das wiederum hat die ebenfalls gewünschten kleineren Blätter zur Folge.
- Um das Dickenwachstum des Astes zusätzlich zu unterstützen, können Sie ihn mit einer Flüssigdüngerlösung einsprühen. So kann er über die Blätter eine Extraportion Nährstoffe aufnehmen.

Den Stamm verdicken

Wenn Sie das Dickenwachstum des Stammes anregen möchten, kommt wiederum der Spitzenförderung Bedeutung zu. Auch in diesem Fall empfehle ich die Maßnahme nur für frühe Entwicklungsphasen des Bonsai.

Strategische »Opferäste«

Wenn Sie die untersten Äste einer Krone im spitzen Ansatzwinkel nach oben ziehen, fördern Sie nicht nur deren Wachstum, sondern auch das des Stammes. Dabei bedienen sich die Profigestalter gern sogenannter »Opferäste«. Dies sind Äste aus dem unteren Kronenbereich, die nicht für die Gestaltung benötigt werden. Statt sie gleich zu entfernen, zieht man sie also steil nach oben. Dadurch werden sie im Wachstum bevorzugt, wovon auch der darunterliegende Teil des Stammes profitiert. Ist er dick genug, fallen die Äste schließlich dem Schnitt »zum Opfer«.
Diese Technik erfordert allerdings ein wenig Fingerspitzengefühl: Die Förderung der steilen, unteren Äste geht auf Kosten der oberen Kronenbereiche. Sie wachsen schwächer und können im Extremfall sogar absterben. Hier heißt es, den Baum stets zu beobachten und die »Opferäste« rechtzeitig abzuschneiden, bevor sie zu stark geworden sind.

Bohrpfropfen für die gezielte Stammverdickung

Auch das Bohrpfropfen (› Seite 76/77) nutzt man als Technik zur Stammverdickung: Wenn Sie einen Ast an einer gewünschten Stelle am Stamm im spitzen Winkel anbringen, können Sie das Wachstum des darunterliegenden Teiles des Stammes anregen. Sobald sich dessen Durchmesser zufriedenstellend entwickelt hat, schneiden Sie den extra montierten Ast wieder ab.
Speziell diese Methode eignet sich auch für spätere Entwicklungsphasen, wenn der Bonsai nur noch verfeinert wird: Der eingesetzte Ast benachteiligt darüberliegende Teile nicht.

1

Laub gezielt entfernen
unterste Ast dieses Baumes
u dünn. Um sein Wachstum
rdern, behält er beim Ent-
en seine Blätter. Nun wird er
rzugt mit Nährstoffen ver-
t und daher bis zum Austrieb
neuen Laubes dicker.

2

Zwischenstand nach fünf Jahren
Fünf Jahre wurde der Baum Mitte Mai bis auf den zu fördernden Ast entlaubt und leicht zurückgeschnitten. Stamm und belaubter Ast werden dicker. Zugleich entsteht eine feinere Verzweigung.

3

Resultat
Nach acht bis zehn Jahren hat der gezielt geförderte Ast überdurchschnittlich an Dicke zugelegt. Das Gesamtbild wirkt harmonischer. Mit künftigen Blattschnitten kann man die Verzweigung weiter verfeinern.

>PRAXIS

Wunden behandeln, Narben entfernen

Bei der Gestaltung sind Schnittwunden nicht zu vermeiden. Wenn Sie diese fachgerecht versorgen, beugen Sie Narbenbildung vor. Bereits vorhandene, große Narben lassen sich aber auch wieder glätten.

Durch Schnitt entstandene Narben können eine Bereicherung sein und den Baum älter wirken lassen. Besser sollten die Wunden jedoch nur wenig Spuren hinterlassen oder ganz unsichtbar verheilen. Außerdem sind Wunden Eintrittspforten für Schaderreger.

- Verwenden Sie aus diesem Grund beim Schnitt nur desinfiziertes Werkzeug.
- Achten Sie auf saubere und glatte Schnittkanten.
- Versorgen Sie Wunden, die größer als 3–5 mm sind, immer mit einem Verschlussmittel.

Der Wundkallus gleitet von oben über die feste Füllung und verschließt die Wunde ohne Wülste.

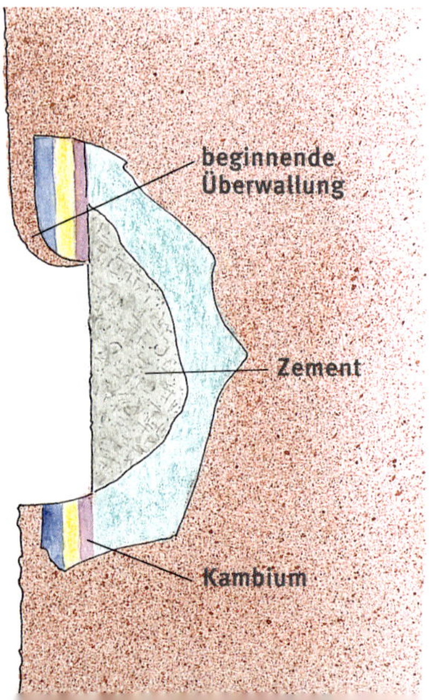

Wie Wunden heilen

Wenn die abwärtsströmenden Assimilate (› Seite 16/17) im Fluss gestört werden, entsteht ein Saftstau. So »erkennt« die Pflanze das Problem und bildet Wundgewebe, genannt Kallus, das die Wunde überwächst. Da das obere Ende der Wunde durch den Saftstrom am besten mit Nährstoffen versorgt wird, wächst es schneller als das untere Ende (› Abb.). Wunden in mit der Spitze nach unten weisender Tropfenform heilen am besten.

Kallus überwächst nur feste, glatte Untergründe. Andernfalls wallt er über sich selbst und bildet dabei Wülste.

Spezielle (Wund)Fälle

Um unansehnliche Narben zu vermeiden, hilft manchmal nur ein besonderer Schnitt. Sind sie schon vorhanden, können Sie sie »verschwinden« lassen. Das zeitige Frühjahr ist ideal für solche Maßnahmen.

Rückschnitt des Stammes

Kürzt man einen kräftigen Stamm durch einen horizontalen Schnitt, liegt die Wunde oft in einer vom Saftstrom schlecht versorgten Position. Das Stammende verknorpelt und erschwert die Entwicklung eines neuen Leitastes.

In solchen Fällen helfen sich die Profis mit einem Spezialschnitt. Setzen Sie ihn auf der gewünschten Höhe dort an, wo auf der rechten und linken Stammseite je ein Seitentrieb steht. Der eine führt als neuer Leittrieb den Stamm fort, der andere bleibt ein Seitentrieb.

- Schneiden Sie den Stamm zwischen den beiden Ästen horizontal ab.
- Schneiden Sie mit einem Messer zwischen den Seitentrieben auf Vorder- und Rückseite des Stammes je einen Keil heraus. Der Kallus an den Seitentrieben kann diese Wunde nun von oben überwallen.
- Decken Sie die Wunde mit einem Verschlussmittel ab. Tritt wegen des starken Saftstroms Flüssigkeit oder Harz aus der Wunde, warten Sie mit dem Abdecken, bis das »Bluten« aufgehört hat.

Nach einigen Wochen beginnt der Baum die Wunde zu überwachsen. Dabei löst sich der

Kitt an den Wundrändern. Drücken Sie ihn so lange wieder fest, bis die Wunde nach etwa einem Jahr verheilt ist.

Störende Narben entfernen

Oft haben – vor allem importierte – Bonsai noch nicht ganz verwachsene Schnittstellen. Sie entstehen meist durch eine zu früh abgebrochene Wundbehandlung.
Weist die noch offene Schnittstelle hartes Holz auf, können Sie die Behandlung selbst zu Ende führen: Ritzen Sie den Wundrand an, bis frisches Grün zu sehen ist. Der Baum bildet daraufhin Wundkallus. Führen Sie dies über mehrere Jahre verteilt öfter durch, wächst die Wunde völlig zu.
Ist das offene Holz jedoch morsch und verwittert, müssen Sie die Wunde überarbeiten, sonst wird sie immer tiefer.

- Entfernen Sie erst das ganze morsche Holz (› Abb. 1).
- Bepinseln Sie zur Sicherheit die entstandene Einbuchtung mit einem Mittel gegen Pilzbefall und füllen Sie sie mit Zement, um dem Kallus eine glatte Fläche zum Überwallen zu bieten (› Abb. 2).
- Aktivieren Sie das Kambium mit einem Messer (› Abb. 3).
- Behandeln Sie die Wunde mit Wundkitt (› Abb. 4).
- Beobachten Sie die Stelle und drücken Sie den Kitt wieder an, wenn er sich löst.

Wiederholen Sie Verletzung und Wundbehandlung einmal jährlich, bis die Wunde komplett überwachsen wurde.

1

Morsches Holz entfernen
Offene, morsche Wunden bieten Schaderregern Eintrittspforten. Entfernen Sie daher zunächst alle abgestorbenen Holzteile mit einem für den (Akku) Bohrer erhältlichen Fräsaufsatz.

2

Die Wunde auffüllen
Füllen Sie die Vertiefung im Holz bündig mit der Wundkante mit Schnellbeton oder Schnellzement auf. Modellieren Sie dabei die Oberfläche, sodass sie sich der Kontur des Stammes anpasst.

3

Das Kambium »aktivieren«
Ritzen Sie rund um die verschlossene Stelle das Kambium etwas an. Darauf reagiert es mit der Bildung von Wundkallus, der die Oberfläche überwachsen wird.

4

Wundverschluss anbringen
Drücken Sie ein spezielles Wundverschlussmittel auf die frisch verletzten Stellen. Der Kitt verhindert, dass sie austrocknen oder von Schaderregern befallen werden.

Setzen Sie Totholz in Szene

Bizarre, nur noch in Teilen lebende Baumruinen und von Wind und Wetter blank geputztes Holz zeugen von hohem Alter bzw. einem bewegten »Lebenslauf«. Diesen Effekt überträgt man gern auf Bonsai.

Die 150-jährige, innen weit ausgearbeitete Olive vermittelt den Eindruck ausgebrannten Holzes.

Als Vorbild für die Inszenierung von Totholz dienen sehr alte, nur noch teilweise lebende Bäume. Ebenso Gehölze, die durch die Einwirkung von Blitzeinschlag, Schneelasten oder Sturm gezeichnet sind. Bei Bonsai kommt es immer wieder einmal vor, dass nach dem Winter eine Astpartie nicht mehr austreibt oder dass versehentlich etwas abbricht. Dies ist ein Anlass, es einmal mit dem Herausarbeiten von Totholz zu versuchen. Manche Gestalter möchten ihren Bonsai auch einfach älter und charakterstärker wirken lassen.

Äste bearbeiten

Die Technik, Totholzpartien an einem Ast herauszuarbeiten, bezeichnen Bonsai-Profis als »Jin«. Dafür verwenden sie meist aus älteren Nadelgehölzen durch die Reduktionsmethode (› Seite 54/55) gewonnene Bonsai. Durch die Harzbildung verrotten sie viel langsamer als Laubgehölze. Bei der Totholzinszenierung wird häufig ein abgestorbener Ast bzw. ein abgebrochener Ast, der eine Rindenzunge am Stamm mitgerissen hat, nachempfunden. Führen Sie diese Arbeiten im Sommer aus.

Jin-Technik 1: Der abgestorbene Ast

Um einen Ast »absterben« zu lassen, benötigen Sie ein scharfes, sauberes Messer und eine Jin-Zange. Diese läuft spitz zu, sodass man schmale Rindenstücke damit gut packen kann.

Die Struktur der Wunde dieser 80-jährigen Mädchen-Kiefer entstand durch Verwitterung.

- Kürzen Sie den Ast etwas ein: Er soll wie ein Stummel wirken.
- Schneiden Sie mit dem Messer möglichst nah am Stamm einmal rund um den Ast bis auf das Holz (› Seite 16/17).
- Mithilfe der Jin-Zange ziehen Sie die Rinde des Astes ab.
- Formen Sie mit Messer und Zange den Ast so, als sei er auf natürlichem Weg abgebrochen.

Jin-Technik 2: Der abgebrochene Ast

Wenn ein Ast herunterbricht, reißt er oft eine nach unten schmaler werdende Rindenzunge mit. Bei Bonsai reicht diese Zunge nur selten bis in den Wurzelansatz: Dort rottet das Holz aufgrund der Feuchtigkeit des Substrats schnell.

- Kürzen und entrinden Sie den Ast wie oben beschrieben.
- Markieren Sie die Kontur der geplanten Rindenzunge mit Kreide. Schneiden Sie die Kontur mit dem Messer durch die Rinde bis in das Holz nach.
- Schälen Sie die Rindenzunge mit der Jin-Zange ab.
- Den Aststummel formen Sie nach, als sei er abgebrochen. Das Holz soll seine natürliche Oberfläche behalten.

Totholz macht dicke Stämme »schlank«

Bei manchen alten, stark geschnittenen Pflanzen ist es unmöglich, den gewünschten, sich nach oben verjüngenden Stammverlauf zu verwirklichen. Hier erreichen Sie durch Herausarbeiten von Totholz, dass er dort wenigstens schmaler wirkt. Denn dem Auge erscheinen dunkle Flächen, wie Rinde, dominanter als helle, wie eine Totholzpartie. Liegt sie im oberen Drittel, empfindet der Betrachter den Stamm dort schmaler als im unteren, unbehandelten Bereich.

Die Wuchsform aufnehmen

Totholztechniken am Stamm nennt man Shari. Dafür arbeitet man die Struktur im Frühjahr aus dem dann etwas weicheren, äußeren Holz heraus. Neben Messer, Jin-Zange und Kreide benötigen Sie dazu Fräswerkzeuge.

- Studieren Sie zunächst den Verlauf der Leitungsbahnen, den Sie meist an der Rindenstruktur erkennen können. Das Totholz soll diesen Verlauf aufnehmen.
- Markieren Sie den Bereich für das Totholz mit Kreide.
- Setzen Sie das Messer etwas neben der Markierung im geplanten Totholzbereich an. So können Sie später noch korrigieren, ohne den Bereich zu sehr verbreitern zu müssen.
- Schneiden Sie die Kontur mit einem Messer bis auf das Holz in die Rinde. Ziehen Sie die Rinde mit der Jin-Zange ab.
- Prüfen Sie die optische Wirkung. Falls nötig, entfernen Sie am Rand mehr Rinde.

Das Holz nacharbeiten

In diesem Fall sieht das offen liegende Holz authentischer aus, wenn es verwittert wirkt. Formen Sie dafür Vertiefungen mit Fräswerkzeugen. Lösen Sie mit dem Messer einige Holzfasern. Fassen Sie diese mit der Jin-Zange und ziehen Sie schmale Holzstreifen ab. So arbeiten Sie den natürlichen Faserverlauf heraus und verwischen Werkzeugspuren.

Weitere Behandlung

Damit die Wunden nicht von Kallus (› Seite 80/81) überwachsen werden, schneiden Sie direkt neben der verbliebenen Rinde mit dem Messer schmale Rillen in das Holz. Dort wallt der Kallus über sich selbst, und das Holz bleibt offen. Unbehandeltes Holz verrottet leicht. Daher pinselt man es mit einem Jin-Mittel ein: Es tötet Schaderreger ab, bleicht das Holz und steigert so den Eindruck langjähriger Verwitterung. Schützen Sie Rinde, Laub, Substrat und Haut vor dem schwefelhaltigen Mittel!

Erstgestaltung – Beispiel 1

1

Auswahl der Vorderseite

Zwei Jahre nach dem Eintopfen in die Schale ist diese Ajan-Fichte bereit für die Erstgestaltung. Das Bild zeigt sie von ihrer ausgewählten Vorderseite: Sie öffnet sich zum Betrachter, zeigt gut verteilte Äste, einen schönen Wurzelansatz und neigt sich leicht nach vorne.

2

Ansicht der Rückseite

Auf der Rückseite kommt dem Betrachter im oberen Bereich ein langer Ast entgegen. Das spricht für Abb. 1 als Vorderseite: Der Ast verleiht dem Bonsai, von vorne gesehen, mehr Tiefe.

3

Die Überprüfung der rechten Seite der Ajan-Fichte

Nach Betrachten der Rückseite (› Abb. 2) drehte ich die Schale um 90° im Uhrzeigersinn. Auch diese Ansicht zeigt, dass die Zweige in den vergangenen zwei Jahren unregelmäßig nachgewachsen sind. Vor allem der obere Kronenbereich ist sehr dicht. Von dieser Seite können Sie gut die leichte Neigung des Stammes zur Vorderseite erkennen. Von vorne gesehen entsteht dadurch der Eindruck, dass der Bonsai sicher und stabil in seiner Schale steht. In Japan interpretiert man diese Form auch als die »Höflichkeit« des Bonsai, sich vor dem Betrachter zu verneigen.

Die Ajan-Fichte *(Picea jezoensis)* ist nur selten im Handel, doch als Bonsai wegen der kurzen Nadeln und Winterhärte beliebt. Verfolgen Sie hier die Erstgestaltung eines 25-jährigen Gehölzes in der locker aufrechten Stilform.

4

Zu dicke Äste und Zweige auslichten

Ziel dieses Formschnitts ist es, das durch den unregelmäßigen Zuwachs verlorene optische Gleichgewicht wieder herzustellen. Dazu habe ich zuerst alle Äste und Zweige entfernt, die zu dick geworden waren. Wo möglich, wendet man das V-Prinzip (› Seite 62/63) an, d.h. einen Rückschnitt auf die dem Stamm am nächsten liegende Verzweigung. Das schafft mehr Übersicht und Platz für den darauf folgenden Schritt, das Drahten. Außerdem fördern Sie damit den Neuaustrieb für eine feinere Verzweigung an der rechten Seite des Bonsai.

5

Dieser Schritt zeigt die weitere Formgebung durch Drahten

Der Stamm braucht keine Veränderung, nur die Äste und Zweige. Daher habe ich erst die Leitäste mit einem etwas stärkeren Aluminiumdraht gedrahtet. Dies wiederholte ich mit dünnerem Draht und schloss dabei zusätzlich alle dünnen Zweige mit ein.

Gedrahtete Äste in Form biegen

Durch das Zurechtbiegen ordnet sich das nach dem Drahten unausgewogene Bild. Die Pflanze hat nun eine für Fichten typische Erscheinung mit hängenden Ästen. Ein günstig stehender Seitenzweig übernimmt die harmonische Fortführung des Stammes nach oben.

6

Erstgestaltung – Beispiel 2

1

Die noch unübersichtliche Ausgangspflanze

Wacholder ist unter Bonsai-Gestaltern sehr beliebt, weil sich bei ihm alle Stilformen herausarbeiten lassen. Er ist gut formbar, schnittverträglich und im Handel leicht erhältlich. Die schuppenförmigen Nadeln der im Bild gezeigten Sorte 'Itoigawa' sind besonders klein und daher ideal für Bonsai. Die bereits 25 Jahre alte Pflanze wurde aus Japan importiert. Offensichtlich hatte man dort immer nur den Zuwachs im äußeren Pflanzenbereich gestutzt. Die demnach sehr dichte Oberfläche verdeckt den Wuchs des Stammes und der Äste des Gehölzes. So gewinnt man keine Übersicht, und eine Vorderseite lässt sich nicht eindeutig bestimmen. Da hilft nicht einmal, die Äste auseinanderzubiegen, um ins Innere der Pflanze spähen zu können.

An den Wuchs der Pflanze herantasten

Nun gilt es, eine Übersicht im Inneren der Pflanze zu schaffen. Dafür lege ich eine vorläufige Vorderseite fest und dünne alle vorhandenen Äste von unten nach oben etwas aus. Dadurch kommt das Astgerüst zum Vorschein. Es stellt sich heraus, dass zwei Äste am unteren Stammbereich bereits Wurzeln gebildet hatten. Es wäre möglich gewesen, sie abzunehmen, um neue Pflanzen zu gewinnen. Ich entschließe mich jedoch dazu, sie nicht ganz zu entfernen, sondern für die Gestaltung von Totholz zu entrinden.

2

Der Chinesische Wacholder *(Juniperus chinensis* 'Itoigawa') hat sehr feine Nadeln und eignet sich ideal für sehr kleine Bonsai. Dieses 25-jährige Exemplar erhält seine Erstgestaltung in der locker aufrechten Stilform.

3

Die Gestaltung nimmt eine Stilform an

Nach dem Auslichten kommen der schön geschwungene Stamm, die Astverteilung und der Wurzelansatz zum Vorschein. Vor allem im oberen Bereich der Krone befinden sich einige sehr dicke Äste, was die endgültige Entscheidung für eine Vorderseite nicht gerade erleichtert. Nach längerem Kippen, Drehen und Neigen entscheide ich mich, die bislang angenommene Vorderseite weiter zu belassen. Schritt für Schritt lichte ich dann die Zweige weiter aus, ohne einen der Äste zu entfernen. Damit lasse ich mir für die spätere Überarbeitung mehrere Möglichkeiten offen. Die anzustrebende Stilform gibt der im leichten Zickzack verlaufende Stamm bereits vor: locker aufrecht.

Das Formen und Drahten ergeben keine endgültige Entscheidung

Die kurzen Äste mit den vielen feinen Zweigen zu drahten ist nicht einfach. Dabei stellt sich heraus, dass sich der Stamm im oberen Kronenbereich nicht so verjüngt, wie ich es erwartet hatte. Er bildet eine Art »Kopfweide«, also ein verdicktes Stammende mit vielen aufrechten Trieben. Ich warte, bis diese Triebe etwas gewachsen sind. Der vielversprechendste wird dann als Leitast zur Verjüngung des Stammes weitergeführt. Die einzelnen Äste des Wacholders fächere ich so auf, dass sie zu kleinen Wolken heranwachsen. Das kommt der schlanken Form des Baumes entgegen.

4

Erstgestaltung – Beispiel 3

1

Eine Bestandsaufnahme durchführen

Üblicherweise sind die im Handel erhältlichen Mädchen-Kiefern auf Schwarz-Kiefernsämlinge gepfropft, weil sie dann wüchsiger sind. Die Pfropfstelle ist eine unschöne Verdickung, die bei der Bonsai-Gestaltung stört. Die hier gezeigte Pflanze ist daher ein Sämling und nicht gepfropft. Dafür wirkt sie dünn und flattrig, was für Sämlinge dieser Art üblich ist. Im Lauf der Gestaltung lässt sich das korrigieren. Die nur noch wenig biegsamen Äste stehen in der halbrundlichen Krone nach oben, während für Bonsai flache Astwinkel bevorzugt werden. Die Nadeln und Knospen befinden sich sehr weit außen. Die Äste sollen im Verlauf der Gestaltung verkürzt und der Austrieb von Knospen, die näher am Stamm liegen, gefördert werden.

Die schüttere Krone weiter ausdünnen

Zunächst entferne ich überflüssige Äste und Zweige, um die Krone zu öffnen. Dass die Äste erst ab der Stammmitte ansetzen, sehe ich positiv: Bei Kiefern arbeite ich gern mit höherliegenden Kronen. Dann schneide ich bei Zweigen mit dicken Knospen die alten Nadeln bis auf fünf bis acht Büschel ab. Letztere kürze ich auf etwa 5 mm ein. Durch diese Maßnahme bilden sich in nächster Zeit nahe am Stamm liegende Knospen, auf die die Äste später gekürzt werden. Die Nadeln an Zweigen mit schwachen Knospen bleiben ungeschnitten.

2

Vor dreißig bis vierzig Jahren waren im Handel befindliche Bonsai beinahe ausschließlich Mädchen-Kiefern *(Pinus parviflora)*. Verfolgen Sie hier die Erstgestaltung eines 25-jährigen Sämlings zur locker aufrechten Stilform.

Hier ist besonders dicker Draht erforderlich

Die Äste dieser Mädchen-Kiefer sind schon recht hart, die Zweige dagegen noch weich. Aluminiumdraht ist dafür eine gute Wahl: Er ist weich, und Korrekturen sind damit leicht möglich. Ich wähle für die Äste einen noch dickeren Draht als üblich, auch wenn er an manchen Stellen wesentlich dicker ist als der Ast. So bleiben die Äste sicher in Form und bilden eine gute Basis für die »Feindrahtung«, die die Zweige miteinschließt. Das vorherige Ausdünnen der Äste und der Rückschnitt bzw. die Entfernung der Nadeln (› Abb. 2) haben mehr Übersicht und Platz in der Krone geschaffen, was mir nun die Drahtarbeit sehr erleichtert.

Nach dem Formen bleiben noch viele Jahre der Weiterentwicklung

Nach dem Drahten biege ich die Äste im für Bonsai typischen Winkel zum Stamm herunter. Die Mädchen-Kiefer hat nur wenige kleine Zweige, die den Gipfel bilden könnten. Darauf muss ich in Zukunft hinarbeiten. Auch ragen noch lange Äste aus der Silhouette heraus, die ich kürzen werde, sobald sich nach dem Nadelschnitt neue Knospen gebildet haben. Es ergibt sich eine bessere Vorderseite als die erst angenommene, wenn man die Schale um ca. 15° gegen den Uhrzeigersinn dreht. Beim nächsten Umtopfen passe ich den Baum entsprechend in die Schale ein.

Erstgestaltung – Beispiel 4

1

Den Wuchs der Steineibe begutachten

Das subtropische Nadelgehölz wird meist in einem für den Transport günstigen Lehmsubstrat gehandelt. Setzen Sie es gleich in ein organisch betontes, durchlässiges Substrat um. Ein langer, gerader Stamm prägt diese ca. 15-jährige, aus China stammende Ausgangspflanze. Sie wirkt recht statisch, doch die lebhafte Bewegung im oberen Bereich ist eine gute Voraussetzung für die Bonsai-Gestaltung. Dabei gilt es, die beiden gegensätzlichen Formen zu vereinen, ohne den Stamm verändern zu müssen: Er trüge zu große Verletzungen der Rinde davon. Dickere Äste im Stammbereich fehlen. Die bewegte Form des oberen Bereichs gibt zwei mögliche Vorderseiten vor. Die Abbildung zeigt die zunächst bevorzugte der beiden.

Mit großer Vorsicht ausdünnen

Ich muss eine Lösung finden, die Strenge des geraden Stammes zu mildern. Dieses im Hinterkopf, dünne ich die kopflastige Krone aus. Zum Glück bringt die Steineibe viele Äste mit, die mehrere Möglichkeiten der Gestaltung offenlassen. Außerdem belasse ich jetzt mehr Äste als nötig, die ich bis zum Ende der Gestaltung in Reserve haben möchte: Die Äste und Zweige der Steineibe sitzen wie in einem Kugelgelenk an ihrer Ansatzstelle und brechen ohne großen Widerstand ab. Das hinterlässt zudem Narben.

2

Steineiben *(Podocarpus macrophyllus)* sind nicht winterhart, verbringen den Sommer aber gern im Freien. Wer ein männliches und ein weibliches Exemplar besitzt, kann sich mit etwas Glück auf Blüten und Früchte freuen.

3

Die ausgewählten Äste mit Draht versehen

Nach dem Ausdünnen zeigen die verbliebenen Äste und Zweige, dass sie künftig zu einer halbrunden, gedrungenen Spitze wachsen werden. Diese drahte ich – wieder mit Vorsicht – ein. Noch nicht zu stark verholzte Triebe kann man mit relativ dünnen Drähten formen. Um die empfindlichen Äste zu stützen und zu stabilisieren, ist jedoch die Wahl dickerer Drähte empfehlenswert. Beim Drahten muss man auch auf die langen Nadeln achten, indem man den Draht vorsichtig zwischen ihren Ansatzstellen führt, sonst brechen sie aus. Wenn die eine oder andere Nadel doch mit eingedrahtet wird, ist das nicht tragisch: Es wachsen wieder neue.

Durch Drehen und Kippen ergibt sich die geneigte Stilform

Beim In-Form-Biegen drücke ich die Äste an ihrem Ansatz mit dem Daumen gegen den Stamm, damit sie nicht brechen. Wenn ich den Baum nach rechts neige und etwas nach vorne kippe, erhält der starre Stamm plötzlich einen anderen Charakter. In dieser Position lässt sich die geneigte Stilform herausarbeiten: Der lange Ast links vorne übernimmt die Rolle des »Schleppastes«, der optische Stabilität verleiht. Der untere, nach hinten verlaufende Ast erzeugt die nötige Tiefe. Die Schale fixiere ich in dieser Position und korrigiere den Pflanzwinkel beim nächsten Umtopfen.

4

Beispiele für die Entwicklung

Wer es eilig hat, kommt bei Bonsai oft langsamer zum Ziel. Diese Erfahrung musste auch ich machen. Begleiten Sie mit mir die Entwicklung einiger meiner Bonsai über Jahre und Jahrzehnte. Nicht immer habe ich dabei den direkten Weg eingeschlagen. Doch auch dieser führte letztendlich zu einem Erfolg.

Der erste Bonsai, den ich kaufte, war eine Mädchen-Kiefer als Geschenk für meine Frau im Jahr 1979. Wir stellten sie auf den Esstisch – im Wohnzimmer. Auch sonst machten wir in der Folge fast alles falsch, was man mit Bonsai falsch machen kann. Trotzdem: Der Baum lebt heute noch!

Gewusst wie!

Die Rettung der Mädchen-Kiefer war das Gartenbuch einer Zigarettenfirma, das auch ein fünfseitiges Kapitel über die Bäume in der Schale enthielt. Das infizierte beide, meine Frau und mich, mit dem Bonsai-Virus. Mit unserer Sammlung wuchsen die Erfahrungen. Dabei gab es allerdings auch ziemliche Rückschritte. Die folgenden Beispiele zeigen, dass ich die Pflanzen in meinen Anfängerjahren zu früh aus dem Anzuchttopf in eine Schale setzte. Schließlich sollten sie möglichst bald wie ein »echter« Bonsai wirken. Das hatte Konsequenzen. Die Stämme und Äste blieben dünn, weil die Bäume mit ihrem geringeren Wurzelvolumen keinen guten Zuwachs mehr leisten konnten. Das Beispiel mit meiner ersten Zwergmispel (› Seite 96/97) zeigt, dass ich mir mit etwas mehr Geduld 20 Jahre an Entwicklungsarbeit hätte sparen können. Dennoch waren diese Lehrjahre nicht umsonst. In manchen Fällen brachte die lange Entwicklungsphase sogar Vorteile, z. B. einen sehr feingliedrigen Aufbau oder einen gelungenen Wurzelansatz.

Mit Mut ans Werk

Sie sehen: Fehler mögen den Weg zum Bonsai zwar verlängern. Doch gleichzeitig stellen sich dazu auch so manche Erfolgserlebnisse ein. Die auf den folgenden Seiten dokumentierten »Lebensläufe« einiger meiner Bäume sollen Ihnen nicht nur helfen, meine Anfängerfehler zu vermeiden. Sie sollen Ihnen Mut machen, sich in der Bonsai-Gestaltung zu versuchen. Gehölze machen einiges mit und sie verzeihen viel. Freuen Sie sich also über die kleinen Erfolge, dann kommt der große ganz von allein.

Bis Bonsai zu stattlichen Exemplaren heranwachsen (re.), vergehen Jahrzehnte. Die Zwergmispeln (li.) sind 5–25 Jahre alt.

Beispiel Fächer-Ahorn

Fächer-Ahorn

Acer palmatum

AUSGANGSMATERIAL:
abgemooste Baumschulware

STILFORM:
Doppelstamm

Japanische Bildbände weckten in mir den Wunsch nach einem Doppelstamm. Das Ausgangsmaterial dazu fand ich in einer Gärtnerei. Bei einem Treffen des Bonsai-Arbeitskreises demonstrierte ich daran, wie das Abmoosen zur Verkürzung des Stamms funktioniert. Beim nächsten Treffen, nur vier Wochen später, hatte der Fächer-Ahorn so gut bewurzelt, dass ich ihn bereits eingetopft präsentieren konnte. Das hätte ich selbst nicht für möglich gehalten, und es ist mir seither auch nie wieder gelungen, einen Baum in einem derart kurzen Zeitraum abzumoosen.

1

ALTER:
4 Jahre

Unterhalb einer V-förmigen Verzweigung verkürzte ich den Stamm des ca. 30 cm hohen, reich verzweigten Fächer-Ahorns durch Abmoosung (› Seite 72/73). Beim Eintopfen setzte ich die Wurzeln auf einen Stein (› Seite 56) und breitete sie für einen schönen Wurzelansatz strahlenförmig aus. Die Pflanze kam in einen Topf mit einem doppelt so großen Durchmesser wie der des Wurzelballens, aber nur halber Höhe: Sie sollte bald in eine flache Schale umziehen. Den Topf füllte ich mit humosem Substrat auf.

2

ALTER:
6 Jahre

Durch häufiges Umsetzen in verschiedene Bonsai-Schalen entwickelte sich ein attraktiver Wurzelansatz – allerdings auf Kosten des so wichtigen Dickenwachstums: Stamm und Äste verzeichneten zu wenig Zuwachs. Der linke Stamm wies eine Drahtspur auf, die bereits nach acht Wochen in der feinen Rinde entstand. Die Narbe wird noch lang zu sehen sein. Daher verzichtete ich weitgehend auf Draht und korrigierte die Astwinkel in der Folge durch Abspreizen und Abspannen (› Seite 58/59).

In einer Baumschule stieß ich auf einen jungen Fächer-Ahorn, der sich für den Aufbau zum Doppelstamm anbot. Trotz (unnötig) langer Entwicklungszeit kann ich stolz darauf sein, denn er hat heute einen perfekten Wurzelansatz.

LTER:

o Jahre

rei Jahre lang stand der
onsai in einer Schale.
ie Umstellung auf reines
kadama (› Seite 38) und
ute Düngung erzeugten
inen Wachstumsschub. Der
/urzelansatz entwickelte
ich positiv, doch das
ickenwachstum ließ noch
u wünschen übrig. Es wäre
esser gewesen, mit dem
insetzen in die Schale
och fünf Jahre zu warten.
ie Stämme setzte ich häu-
g auf schwächere Seiten-
ste ab. Dadurch zeigten sie
un eine attraktive, bewegte
orm.

4

ALTER:

20 Jahre

Die gute Wasserversorgung des strukturstabilen Akadamasubstrats und die verstärkte Düngung zeigten Wirkung. Die Proportionen des Baumaufbaus erschienen allmählich harmonischer: Der Stammdurchmesser hatte sich fast verdoppelt, und die Krone verzeichnete eine gute Verzweigung. Allerdings war der obere Kronenbereich noch zu dicht und schwer. Hier hätte ich rechtzeitig etwas stärker zurückschneiden müssen. Das korrigierte ich dann durch konsequentes Auslichten und Absetzen auf dünnere Äste.

5

ALTER:

26 Jahre

Langsam wächst der ca. 60 cm hohe Bonsai nun doch in die gewünschte Form. Nur den Kronenaufbau finde ich immer noch nicht locker und flach genug. Das korrigiere ich durch häufiges Pinzieren (› Seite 64/65). Auch die bereits recht zufriedenstellende Feinverzweigung ist so weit vorangeschritten, dass ich den Zuwachs nur noch pinzieren muss. Von dieser Entwicklungsgeschichte hat vor allem der Wurzelansatz profitiert: Viele Besucher glauben, er sei in Japan gestaltet worden – ein schönes Kompliment!

Beispiel Zwergmispel

Zwergmispel

Cotoneaster spec.

AUSGANGSMATERIAL:
Zufallssämling aus dem Garten

STILFORM:
locker aufrecht

So groß war die Freude über meinen Zwergmispel-Sämling, dass ich es nicht abwarten konnte, ihn wie einen Bonsai aussehen zu lassen: Ich setzte ihn zu früh in eine Schale. Dementsprechend wuchs er nur langsam. Die Erfahrung lehrte mich, dass ihm fünf bis zehn Jahre in einem höheren Anzuchtgefäß besser getan hätten. Andere Zwergmispeln, die ich nach den neuen Erkenntnissen heranzog, überholten den Winzling im Dickenwachstum bereits nach fünf Jahren. Somit wäre ich 20 Jahre schneller zum Ziel gekommen. Immerhin hatte meine langfristige Methode den Vorteil, einen besonders feingliedrigen Kronenaufbau hervorzubringen!

1

ALTER:
2 Jahre

Im Garten fand ich ein 7 cm kleines Pflänzchen, das sich sichtlich anstrengen musste, um sich durch das Gras nach oben zu winden. Durch die natürliche Bewegung des Stammes und gut verteilte Zweiglein brachte der Zwergmispel-Sämling beste Voraussetzungen für einen Mini-Bonsai, einen Shohin, mit. So werden in Japan Bäumchen bis zu einer Höhe von 25 cm genannt. Statt den Sämling in ein Anzuchtgefäß zu setzen, pflanzte ich ihn in eine Bonsai-Schale – damals ein für mich berauschender Anblick!

2

ALTER:
4 Jahre

Das Zwergmispel-Bäumchen stand hier in einer neuen Schale. Der bewegte Stamm war schon sehr ansprechend und brauchte, wie erwartet, keine weitere Korrektur. Leider verzeichnete die Zwergmispel nur wenig Zuwachs. So führte ich zwar regelmäßig einen Formschnitt durch und setzte bei Bedarf die Äste auf ein näher am Stamm liegendes Auge ab. Doch durch das geringe Wachstum war sie auch nur wenig zu schneiden. Folglich ließ die Verzweigung noch etwas zu wünschen übrig.

Der Zufallssämling einer Zwergmispel bot die Möglichkeit, einen sogar für Bonsai winzigen Baum aufzubauen. Begleiten Sie ihn hier auf seinem über 20 Jahre dauernden Weg dahin – der viel kürzer hätte sein können.

LTER:

Jahre

er regelmäßige, leichte ormschnitt (> Seite 62/63) lljährlich im Mai zeigte hier eine Wirkung: Die Feinverweigung nahm deutlich zu. ur mit dem Dickenwachsım war ich noch nicht ufrieden. Nach wie vor uchs die Zwergmispel nur enig, weil ihr der Wurzelıum in der Bonsai-Schale afür nicht ausreichte. Entprechend wenig legte sie n Stammumfang zu. Hier tand die Zwergmispel in iner roten Schale, die den uchtschmuck sehr schön etont.

ALTER:

18 Jahre

Der weiterhin regelmäßige, jährliche Formschnitt sowie das seit fünf Jahren praktizierte Pinzieren (> Seite 64/65) sorgten dafür, dass sich die Krone fein verzweigte und füllig entwickelte. Die Stammdicke ist dagegen weiterhin auf der Strecke geblieben. Heute weiß ich, dass Zwergmispeln sowieso ein sehr schwaches Dickenwachstum haben. In der flachen Bonsai-Schale fällt es noch zurückhaltender aus. Dabei hatte ich auch den Wurzelansatz zu früh an die Oberfläche geholt, der sich trotzdem akzeptabel entwickelte.

ALTER:

25 Jahre

16 cm ist der Zwergmispel-Shohin nun groß und präsentiert sich hier in seiner Herbstfärbung. Diese Höhe möchte ich auch gern weiterhin erhalten. Der langsame Zuwachs über die Jahre zeigt endlich seine Wirkung: Allmählich wird der Stamm doch etwas dicker. Die glatte Rinde weist schon ein paar Risse auf. Der langsame Wuchs hatte einen Vorteil: Die Rückschnitte waren stets nur kleine Eingriffe, die gut und narbenfrei abheilen konnten. Außerdem entstand so ein ansprechender, feingliedriger Kronenaufbau.

Beispiel Weißdorn

Weissdorn

Crataegus monogyna

AUSGANGSMATERIAL:
Pflanze aus dem Garten

STILFORM:
Doppelstamm

Einer meiner Bonsai-Freunde wollte seinen Garten verkleinern. Dort wuchsen Gehölze zu Anwärtern für die Reduktionsmethode heran. Ich suchte mir daraus einen besonders schön gewachsenen Weißdorn aus. Beim Ausgraben entdeckte ich einen Feuerstein, den die Wurzeln sozusagen »in Besitz« genommen hatten, den sie gern bis heute behalten durften. Wie sein Name schon sagt, trägt der Weißdorn Dornen. Um die Arbeit an der Krone – ganz besonders beim Drahten – ohne Verletzungen zu überstehen, schnitt ich beim Formschnitt stets auch alle Dornen mit der Knospenzange ab. Das hinterließ nur winzige, kaum sichtbare Narben.

1

ALTER:
15 Jahre

Als vielversprechenden Bonsai-Rohling (› Seite 21) grub ich diesen ca. 60 cm hohen Weißdorn mit einem großzügigen Wurzelballen im Frühsommer aus. Da er voll im Laub stand, schnitt ich nur so viel von der Wurzel weg, dass er in ein Pflanzgefäß passte. Hätte ich stärker in die Wurzel eingegriffen, wäre sie nicht mehr in der Lage gewesen, so viel Wasser nachzuliefern, wie das Laub verdunstet. Der Baum wäre vertrocknet. Danach sollte er sich an einem vor Wind geschützten Platz ein Jahr lang erholen.

2

ALTER:
16 Jahre

Ein Jahr später untersuchte ich die Wurzel. Sie wies nur kräftige, aber keine feinen Wurzeln und einen eingewachsenen Feuerstein auf. Die Wurzeln schnitt ich stark zurück und lichtete den Ballen aus. Beim Einpflanzen in eine hohe Schale ordnete ich die Wurzeln für einen schönen Wurzelansatz an. Damit dieser – und der Feuerstein – besser sichtbar wurden, hob ich den Stamm etwas aus dem Substrat. Die Krone lichtete ich so aus, dass der Weißdorn den bonsaitypischen offenen Wuchs zeigte

Dieser Weißdorn wuchs in einem Garten und war bereits 15 Jahre alt. Er gab eine dankbare Ausgangspflanze für die Reduktionsmethode ab. Dabei erforderte die Entwicklung des Wurzelballens besondere Aufmerksamkeit.

3

LTER:

9 Jahre

rei Jahre hatte ich nur die rone in Form geschnitten (> Seite 62/63). Entsprehend wies die Krone ereits eine etwas feinere erzweigung auf. Nun rüfte ich die Wurzeln. Sie atten an den Rückschnitttellen und nahe dem tamm reichlich Faserurzeln gebildet. Starke, ach unten ragende Wurzeln ntfernte ich mit Säge und nospenzange. Dadurch onnte ich den Ballen so eit verkleinern, dass er in ine etwas flachere Schale asste.

4

ALTER:

22 Jahre

Nun zeigte der Weißdorn durch den offenen Kronenaufbau seinen schön geschwungenen Stamm. Die Krone hatte ich in den vergangenen Jahren weiterentwickelt durch Formschnitt sowie durch Spannen und Spreizen (> Seite 58/59). Drähte zur Formkorrektur (> Seite 60/61) setzte ich nur an krautigen Trieben an: Sie sind biegsamer, daher wird die empfindliche Rinde nicht so stark verletzt. Weißdorn bildet an abheilenden Schnittstellen Verdickungen. Diese entfernte ich durch Rückschnitt auf einen am Trieb sitzenden Ast.

5

ALTER:

25 Jahre

Der laublose Zustand im Winter zeigt, wie gut sich Krone und Feinverzweigung entwickelt haben. Dies erreichte ich durch regelmäßiges Ausschneiden überflüssiger Zweige, durch regelmäßiges Pinzieren (> Seite 64/65) an einigen Stellen durch Formen mittels Draht. Jetzt konnte ich den Wurzelballen so gestalten, dass er in eine für mich von den Proportionen her ausreichend flache Schale passte. So kommt auch der attraktive Wurzelansatz mit dem Feuerstein bestens zur Geltung. Der Bonsai ist nun 70 cm hoch.

Beispiel Birken-Feige

Birken-Feige

Ficus benjamina

AUSGANGSMATERIAL:

Topfpflanze aus dem Gartencenter

STILFORM:

Besenform

Um die arbeitsarme Zeit im Winter zu überbrücken, stöberte ich im Gartencenter. Dort standen junge Birken-Feigen, die mich an ihre Verwandten in den Tropen erinnerten: riesige Bäume mit ausladenden Kronen und von weit oben herunterwachsenden Luftwurzeln. Wie sollte ich letztere an meinem Bonsai fördern? Allen umgetopften Pflanzen erleichtere ich das Anwachsen bei hoher Luftfeuchtigkeit unter einer durchsichtigen Plastikhaube, die unten für etwas Luftaustausch offen ist. Durch diese hohe Luftfeuchtigkeit bildete die Birken-Feige, für mich überraschend, die wie beim Vorbild vorhandenen Luftwurzeln!

1

ALTER:

5 Jahre

Im Winter fand ich diese etwa 20 cm hohe Birken-Feige. Es ist wichtig, dass die Verzweigung bereits weit unten am Stamm ansetzt. Ich setzte sie um in humose Erde. Das und die Wärme im Haus brachten überraschend einen Wachstumsschub. So hatte ich bereits nach einigen Wochen die Gelegenheit für den ersten Formschnitt. Dabei lichtete ich die Krone aus und drahtete die Verzweigung in die geplante Besenform. Der Schnitt spielte noch eine untergeordnete Rolle, da zunächst Zuwachs erzielt werden sollte.

2

ALTER:

6 Jahre

Bis zum nächsten Formschnitt im Frühjahr war die Birken-Feige gut gewachsen. Dadurch wurde der lichte Aufbau der Krone immer dichter. Mein erster Gedanke war, eine locker aufrechte Form zu gestalten. Doch zu den Vorbildern mit ausladenden Kronen passte die Besenform besser. Um den Wurzelballen auf eine flache Bonsai-Schale vorzubereiten, topfte ich die Pflanze in eine niedrige Anzuchtschale um. Ich sicherte sie mit Spanndrähten am Topf, damit sie gut anwachsen konnte.

Wie sich im Lauf der Gestaltung herausstellte, sind Birken-Feigen etwas für ungeduldige Bonsai-Liebhaber: Sie machen einiges mit und vermitteln schon nach vergleichsweise kurzer Zeit einen passablen Eindruck.

LTER:

Jahre

igentlich war die Birken-eige zu früh in das flache nzuchtgefäß gekommen: as bremste ihren Wuchs. n Spätsommer desselben ahres verzeichnete sie ufgrund des Formschnitts ennoch eine feinere Verweigung. In diesem Zutand schnitt ich die Äste uf zwei Blattpaare zurück, m einen Austrieb aus der litte der Krone anzuregen nd somit eine kompakte flanze zu erhalten. Den Vurzelhals legte ich noch icht frei: Er war zu wenig ntwickelt.

ALTER:

8 Jahre

In der Zwischenzeit probierte ich alle möglichen Schalen aus und topfte die Birken-Feige daher gleich zweimal im Jahr um. Hier hatte ich sie sogar in eine noch flachere Schale gesetzt. Der Stamm ist in Relation zur Höhe noch zu dünn. In einer größeren und tieferen Schale würde er schneller dick werden. Durch den regelmäßigen Formschnitt hatten sich die Äste feiner verzweigt. Mit Spanndrähten korrigierte ich den Ansatzwinkel der Äste am Stamm. So lässt die Krone die angestrebte Besenform bereits gut erkennen.

ALTER:

12 Jahre

Irgendwie kam die Birken-Feige mit dem häufigen Umtopfen zurecht und vermittelt nun, mit 40 cm Höhe, einen passablen Eindruck. Die Verzweigung ist gut, die Blätter sind kleiner geworden. Der Stamm verdoppelte seinen Durchmesser. Mit dem Wurzelansatz bin ich zufrieden. Beim Umtopfen in die Endschale stülpte ich eine Folienhaube über die Pflanze. Nach 14 Tagen fand ich kleine Auswüchse am Stamm, die schnell wuchsen. Diese Luftwurzeln tauchten in das Substrat und versorgen die Pflanze zusätzlich.

Beispiel Kletter-Feige

Kletter-Feige

Ficus pumila

AUSGANGSMATERIAL:
verkümmerte Topfpflanze

STILFORM:
Wurzel über Felsen

Die Gestaltung dieser Stilform kann zu einem sehr reizvollen Ergebnis führen. Ich rate Ihnen, dafür nach einem Naturstein in der passenden Größe zu suchen. Meine Lavabrocken aus dem Aquarienfachhandel bewährten sich nicht. Ich bastelte sie mit Beißzange, Hammer und Meißel zurecht und klebte sie mit Heißkleber zusammen. Durch das ständige Gießen verloren die Brocken schon nach wenigen Jahren den Halt und mussten immer wieder nachgeklebt werden. Außerdem sieht ein Naturstein schöner und authentischer aus. Schließlich möchte man bei der langen Entwicklungszeit eines Bonsai mit dem Ergebnis rundum zufrieden sein!

ALTER:
6 Jahre

Die langen Wurzeln der aus einer Blumenschale übrig gebliebenen, ca. 15 cm hohen Kletter-Feige und der interessante Stamm inspirierten mich zu der Gestaltung über den Felsen. Ich wusch die Wurzeln aus, drapierte sie über einen Lavabrocken und fixierte sie mit Draht. Dann wickelte ich Wurzeln und Stein locker mit Gazebinden ein. Zur weiteren Stabilisierung pflanzte ich die Kletter-Feige in einen hohen Topf. Die Abbildung zeigt die zunächst ausgewählte Vorderseite mit einer nach links geneigten Krone.

ALTER:
7 Jahre

Ein Jahr später entfernte ich die Gazebinden, beließ abe die Befestigungsdrähte. Die Wurzeln hatten sich schön an den Stein gelegt. Zu lang Wurzeln schnitt ich leicht zu rück und pflanzte die Kletter Feige in eine flache Schale. Dabei legte ich eine neue Vorderseite fest: Der Baum wurde um 180° gedreht. Der Zuwachs ist, der Kletter-Feig entsprechend, lianenförmig. Er ist nur durch Schnitt unte Kontrolle zu bringen. Dabei ließ ich die Triebe sehr lang werden und schnitt sie auf ein bis zwei Blätter zurück.

Eigentlich eignen sich Kletter-Feigen mit ihren lianenartigen Trieben gar nicht für Bonsai mit schönen Kronen. Ihre Kleinwüchsigkeit und die langen Wurzeln ermöglichen trotzdem eine spannende Inszenierung in der Schale.

.LTER:

o Jahre

ie Pflege beschränkte sich islang auf Gießen, Düngen nd den Rückschnitt der riebe, die nur langsam icker wurden. Der Kronen-ufbau erfolgte durch einen äufigen Rückschnitt. Draht var nur für kleinere Korrek-uren nötig. Die Zweige verden erst nach Jahren so tabil, dass sie die Form be-alten. Die Drähte an den Vurzeln konnte ich abneh-nen. Die Wurzeln waren o lang, dass ich den Fels ergrößerte, indem ich im nteren Bereich neue Steine nklebte.

4

ALTER:

14 Jahre

Durch regelmäßige Pflege und ständigen Rückschnitt sind Wurzeln und Stamm deutlich dicker geworden. Die immer noch stark wachsenden Triebe entfernte ich, wenn sie in die falsche Richtung wuchsen, oder schnitt sie häufig zurück. Nur so bringt man Kletter-Feigen dazu, dickere, stabilere Äste zu bilden. Die Krone ließ sich aufgrund dieses arttypischen Wuchses nur sehr langsam aufbauen. Außerdem setzte ich die Kletter-Feige in diesem Jahr in eine andere Schale um, die farblich besser mit dem Bonsai harmoniert.

5

ALTER:

20 Jahre

Es liegt in der Natur der Kletter-Feige, dass man keine stabile Krone aufbauen kann. Daher neigt diese sich nun langsam nach vorne. Das muss kein Nachteil sein: Der Stamm wird von der Krone verborgen. Stattdessen wirkt der Fels so, als wäre er der Stamm. Durch seine Dicke und die krustige Struktur verleiht er dem Bonsai den Charakter eines sehr alten Baumes. Beim nächsten Umtopfen werde ich ihn in eine größere Schale setzen, damit das Bild ausgewogener wirkt. Die Höhe von 30 cm möchte ich beibehalten.

Beispiel Europäische Lärche

Europäische Lärche

Larix decidua

AUSGANGSMATERIAL:
Sämling

STILFORM:
locker aufrecht

Ein Samentütchen brachte mich dazu, Lärchen aus Samen zu ziehen. Einen von zehn Sämlingen wählte ich für die gezeigte Entwicklung aus. Ich war mir damals nicht im Klaren darüber, dass ein langer und erlebnisreicher Weg vor mir liegen würde. Er war eine Herausforderung, nicht nur, was das Dickenwachstum betraf. Lärchen neigen nämlich zum frühen Vergreisen der Äste, die dann nach dem Winter nicht mehr austreiben. Dies passiert zum Beispiel, wenn zu viele Zapfen am Ast verbleiben. Also lassen Sie besser nur an starken Ästen einige wenige Fruchtstände stehen. Die anderen drehen Sie ab, sobald sie deutlich zu wachsen beginnen.

ALTER:
4 Jahre

Der ca. 15 cm hohe Lärchensämling stand vier Jahre in einem Anzuchttopf. Der kompakte Wurzelballen und das ausgewogene Erscheinungsbild verleiteten mich dazu, den Baum schon zu diesem Zeitpunkt in eine flache Schale zu setzen. Die Vorderseite bestimmte ich durch die bewegte Stammform, die Wurzelanordnung und den Astaufbau. Die Lärche gibt eine locker aufrechte Stilform vor. Um die Form zu korrigieren, entfernte ich störende Äste und drahtete einige der verbliebenen ein.

ALTER:
6 Jahre

Die Lärche verzeichnete nur wenig Zuwachs, Stamm und Äste nahmen kaum in der Dicke zu. Ich achtete auf gesunde Entwicklung und pinzierte (› Seite 64/65) stets im zeitigen Frühjahr di Nadeln. Noch steht der Baur in einem humosen Gemisch mit Akadama. Drahten zur Formkorrektur war wiederho nötig: Das Lärchenholz braucht sehr lange, bis es stabil bleibt. Der beste Zeitpunkt dafür ist bei beginnendem Saftfluss (› Seite 18/19), wenn die Knospen aufbrechen.

Jedes Gehölz hat seine Eigenarten. Bei der Lärche ist das schwache Dickenwachstum besonders ausgeprägt. Im Lauf der Gestaltung lernte ich, meine Maßnahmen so anzupassen, dass dieser Nachteil ausgeglichen wird.

.LTER:

.1 Jahre

)urch das arttypische, chwache Dickenwachstum es Holzes blieben Stamm- nd Astumfang weiter zu- ück. Immerhin setzte die 'erzweigung nah am Stamm n. Vor fünf Jahren hatte ich chließlich die Idee, das 'inzieren auf Ende Juli zu erschieben, damit die Lär- he die Wachstumsperiode ollständig nutzen kann.)as gleicht das schwache Iolzwachstum aus. Seit elf ahren steht der Baum ußerdem in Akadama, das ine gezielte Düngung rlaubt.

ALTER:

23 Jahre

Mit 30 cm Höhe kommt die Lärche dem gewünschten Bild nun schon sehr nahe. Dies wird durch die neue Schale betont, die in Form und Farbe nach dem Bonsai ausgewählt worden war. Die Pilzfruchtkörper zeigen, dass die Lärche in Symbiose mit Mykorrhizapilzen im Einklang lebt und gesund wächst. Die Verzweigung hatte sich, dank des neuen Pinzierzeitpunkts, weiter verfeinert. Der regelmäßige, beim Umtopfen durchgeführte Wurzelschnitt erzielte einen schönen Ansatz aus kreisförmig angeordneten Wurzeln.

ALTER:

26 Jahre

Der inzwischen seit zehn Jahren auf Ende Juli verschobene, spätere Rückschnitt hat sich sichtlich bewährt: Das Dickenwachstum der hier im schönsten Herbstkleid gezeigten Lärche hat ausreichend zugelegt. Außerdem zeigt die bereits aufplatzende Borke, dass der Bonsai in dem Stadium angekommen ist, bei dem in Japan vom »Reifen in der Schale« gesprochen wird. Das bedeutet auch, dass für die Verfeinerung des Lärchen-Bonsai von nun an nur noch Erhaltungs- und Pflegemaßnahmen erforderlich sind.

Beispiel Zierapfel

Zierapfel 'Evereste'

Malus 'Evereste'

AUSGANGSMATERIAL:
unveredelte Baumschulware

STILFORM:
locker aufrecht

Schon immer haben mich blühende und dann noch fruchtende Bäume sehr angezogen. Die Obstgehölz-Jungpflanzen haben aber einen zu hohen Stamm und obendrein die knubbelige Veredlungsstelle. Nach langem Suchen fand ich einen Zierapfel, der auf seiner eigenen Wurzel stand. Seine 1,5 cm kleinen Früchte sind das perfekte Abbild der »richtigen« Äpfel. Leider geht das Fruchten auf Kosten des Wachstums. Dafür wäre es besser gewesen, während der Entwicklungszeit die Fruchtansätze nach der Blüte komplett zu entfernen. Andererseits konnte ich mich auf diese Weise Jahr für Jahr zweimal über den Schmuck meines Bonsai in spe freuen!

1

ALTER:
6 Jahre

Die ca. 25 cm hohe Jungpflanze wies tief am Stamm sitzende Äste auf, die unterschiedlich dick, aber gut verteilt waren. Für den Grundschnitt setzte ich den dicken Ast unten rechts auf einen Seitenzweig ab. Den Stamm nahm ich auf eine Knospe zurück. Sie soll den Stamm fortführen und bringt eine leichte Bewegung nach rechts. Die Wurzeln lagen dicht beieinander, waren zu Bögen verwachsen und hatten nur im äußeren Bereich Faserwurzeln. Ich schnitt sie kräftig zurück und topfte sie in ein tiefes Gefäß.

2

ALTER:
6 Jahre

Die unteren Äste hatte ich mit Draht etwas flacher gestellt, um die Spitze des Baumes zu fördern (› Seite 18/19). Der Zuwachs war im selben Jahr jedoch sehr spär-lich ausgefallen: Nur die Endknospen der Zweige trieben aus. Schlafende Knospen näher zum Stamm hin bildeten sich nicht. Offensichtlich hatte ich die Wurze doch etwas zu drastisch zurückgeschnitten und den Baum somit zu sehr geschwächt.

Blüten und Früchte wie ein Großer, und doch im Miniaturformat: Zieräpfel bieten sich für die Bonsai-Gestaltung an. Allerdings kostet der Schmuck den Baum Kraft, was man in der Entwicklungszeit berücksichtigen sollte.

LTER:

Jahre

ber die Blüte kurz nach em Austrieb habe ich mich otzdem sehr gefreut, zu- ıal sich daraufhin kleine pfel bildeten, die im Herbst ıre charakteristischen oten Bäckchen bekamen. eider kostete das den Zier- pfel sehr viel Kraft, die er igentlich für das Wachstum esser hätte gebrauchen önnen. Später bin ich aus iesem Grund dazu über- egangen, allzu reichen ruchtbesatz im Juni auszu- ünnen. Das gleicht zudem irksam die Alternanz aus › Seite 117).

ALTER:

8 Jahre

Noch immer war der Zuwachs nicht zufriedenstellend. Der Stamm hatte nur wenig im Umfang zugenommen. Und das, obwohl ich immer erst im Juni zurückschnitt, wenn die Langtriebe vollständig ausgereift waren. Auch die Krone wies kaum mehr Verzweigung auf. Alles dies ließ vermuten, dass ich noch lange würde warten müssen, bis mein Zierapfel einen schönen Bonsai abgibt. Immerhin waren einige tiefer am Stamm liegende Knospen ausgetrieben und eröffneten somit neue Möglichkeiten für die Gestaltung.

ALTER:

14 Jahre

Vor fünf Jahren topfte ich den ca. 40 cm hohen Zierapfel in eine flachere Schale, weil er viele feine Faserwurzeln gebildet hatte. Dabei hob ich auch den Wurzelansatz über das Substrat (› Seite 69). Beides zugleich war wohl noch zu früh erfolgt: Stammumfang und Verzweigung sind weiterhin nicht ausreichend entwickelt. Näher am Stamm liegende Knospen treiben nicht aus. Nun steht der Zierapfel wieder in einem größeren Pflanzgefäß, in der Hoffnung, dass er sich darin doch ein bisschen schneller entwickelt.

Beispiel Granatapfel

Granatapfel

Punica granatum

AUSGANGSMATERIAL:

importierte, aus Reduktion entstandene Halbfertigware

STILFORM:

locker aufrecht

An Granatäpfeln begeistert mich auch der interessante Drehwuchs, den über 20 bis 30 Jahre alte Exemplare typischerweise am Stamm aufweisen. Bei Bonsai in der Schale wartet man jedoch auch nach 30 Jahren vergeblich darauf. Dass dieser halbfertige Bonsai den Drehwuchs dennoch aufwies, führe ich auf einen gewollten Wildwuchs innerhalb der ersten 20 bis 25 Jahre zurück. Erst danach brachte man den Bonsai durch starken Rückschnitt (was auch die Wunden beweisen) in die halbfertige Form. Somit wies der Granatapfel von Anfang an den Charakter eines alten Baumes auf, was mich sehr ansprach.

1

ALTER:

30 Jahre

Der ca. 45 cm große Granatapfel kam in einem tiefen Anzuchttopf. Sein Stamm wies eine schöne Verjüngung auf. Sie war durch Reduktion (› Seite 54/55) erzielt worden, die zahlreiche große und teils schlecht verheilte Narben hinterlassen hatte. Die Äste setzten tief am Stamm an, waren in ihrer Struktur jedoch noch ungeordnet. Astanordnung, Stammverlauf und die Wurzelanordnung bestimmten die Vorderseite. Nach einem mäßigen Formschnitt (› Seite 62/63) durfte die Pflanze ins Winterquartier umziehen.

2

ALTER:

31 Jahre

Nach dem Überwintern schnitt ich alle Aststummel und vertrockneten Äste zurück. Mit Draht arbeitete ich vorsichtig eine Form heraus. Die Schnittwunden säuberte ich vom morschen Holz und strich sie mit Jin-Mittel (› Seite 83) ein. Auf eine weitere Behandlung der Wunden verzichtete ich: Sie sollen ruhig zeigen, dass der Baum scho einiges mitgemacht hat. Die Wurzel schnitt ich kräftig zurück, um den Granatapfel in eine Bonsai-Schale mit einem Akadama-Lavabruch-Gemisch zu setzen.

Mit seinen roten Blüten und Früchten hat es der nicht winterharte Granatapfel auch vielen Bonsai-Liebhabern angetan. Ich hatte das Glück, einen bereits lang vorbereiteten, halbfertigen Baum mit interessantem Stamm zu ergattern.

LTER:

4 Jahre

er Rückschnitt auf zwei lattpaare kurz vor dem nwintern hatte einen sehr uten Zuwachs und eine eutlich bessere Verzweiung zur Folge. Der Baum ist un 50 cm hoch, was so leiben soll. Da ein Dickenachstum in der Schale icht zu erwarten war, legte h nun weniger Wert auf uwachs, sondern förderte elmehr die Feinverzweiung durch Pinzieren (› eite 64/65). Blüten bildete er Granatapfel nur ansatzeise und warf sie auch ofort wieder ab.

ALTER:

40 Jahre

Die tief ansitzenden Äste hatte ich noch beibehalten, da sich die Krone bislang nicht zufriedenstellend entwickelt hatte. Seinem hohen Alter gemäß wuchs der Granatapfel, hier im Herbstkleid, nur noch sehr spärlich. Auch die Feinverzweigung entwickelte sich langsamer. Ein früher Rückschnitttermin wirkte sich negativ aus, weil der Neuaustrieb nur sehr spärlich kam und somit kaum Dickenwachstum erzeugt hatte. Daher pinzierte ich immer dann, wenn sich der Neuaustrieb voll entwickelt hatte, also im Juli.

ALTER:

45 Jahre

Mittlerweile hat sich der Granatapfelbonsai in der Schale akklimatisiert. Er wächst nur mäßig, dafür blüht er jedes Jahr üppiger. Gelegentlich bildet er sogar ein paar Früchte, die leider meist zu früh abfallen. Das Gesamterscheinungsbild hat sich in den vergangenen Jahren kaum verändert. Die Wunden sind immer noch da. Auf einen dickeren Stamm, die optische Alterung der Rinde und die geplante flache Krone werde ich wohl noch einige Jahre warten müssen. Dennoch erfreue ich mich an diesem alt wirkenden Bonsai.

Beispiel Sibirische Ulme

Sibirische Ulme

Ulmus pumila

AUSGANGSMATERIAL:
getopfte Baumschulware

STILFORM:
streng aufrecht

Bis Mitte der 1970er Jahre gab es noch viele Ulmen. Heute sind schöne Exemplare selten geworden: Eine durch den Ulmensplintkäfer übertragene Welkekrankheit verursachte ein großes Ulmensterben. Die Restbestände sind bedroht. Ich sehe es als Herausforderung an, bedrohte Baumarten in meine Bonsai-Sammlung einzubeziehen. Der Ulmensplintkäfer bereitet mir da keine Sorgen: Er befällt ausschließlich ältere Bäume heimischer Ulmenarten, wie Berg-, Feld- und Flatter-Ulme. Die Sibirische Ulme wird von ihm verschont.

1

ALTER:
4 Jahre

Für wenige Mark war diese ca. 20 cm hohe, getopfte Sibirische Ulme in einer Baumschule zu haben. Ihr kurzer, aber gerader, bis in den Gipfel verlaufender Stamm und die Verteilung der Äste gaben mir vor, welche Stilform sich daraus gestalten lassen würde: entweder streng aufrecht oder die Besenform. Die Vorderseite ließ sich zu diesem Zeitpunkt noch nicht sicher bestimmen und kristallisierte sich daher erst im Laufe der Jahre heraus.

2

ALTER:
5 Jahre

Im Frühjahr schnitt ich die Krone aus und drahtete sie in Form. Einen weit oben am Stamm sitzenden Ast drahtete ich nach oben, damit er den Stamm in Zukunft fortführt. Das Ziel war ein Verhältnis von einem Drittel Stamm zu zwei Drittel Krone. Das dichte, gleichmäßig verteilte Wurzelwerk schnitt ich kräftig zurück. Dann setzte ich die Ulme nochmals in einen Anzuchttopf in organisch-mineralisches Substrat und drahtete sie fest.

Das große Ulmensterben brachte diese Baumart ins Gespräch. Als Bonsai dagegen bereiten Ulmen keine Probleme: Sie sind sehr wüchsig und bilden bei guter Pflege schnell einen dicken Stamm und eine feine Verzweigung.

.TER:

ahre

ach einem Jahr verzeichne- der Baum einen erfreulich ıten Zuwachs. Das – und ɜr kompakte Wurzelballen veranlassten mich dazu, e Wurzeln noch stärker zu duzieren und die Ulme in ne Bonsai-Schale zu set- n. Formschnitt (› Seite ɜ/63) und Pinzieren Seite 64/65) brachten ereits überraschend kleine ätter und eine gute Ver- veigung in alle Richtungen ɜrvor. Die Ulme war sehr ichsig und erforderte nen häufigen Rückschnitt.

ALTER:

17 Jahre

Seit zwei Jahren stehen Vorderseite und streng aufrechte Stilform fest. Das Verhältnis zwischen Stammdicke und Gesamthöhe verbesserte sich. Die auf die Rindenfarbe und -struktur abgestimmte Schale betonte dies noch. Den Aufbau der Krone musste ich etwas verzögern: Manche Verzweigungen waren zu weit im Außenbereich. Nach dem V-Prinzip (› Seite 62/63) schnitt ich diese Äste weiter ins ältere Holz zurück, damit sie sich näher am Stamm verzweigen. Dadurch trieb die Ulme kräftig und gleichmäßig wieder aus.

ALTER:

20 Jahre

Den Rückschnitt nach dem V-Prinzip hatte die Ulme nach zwei Jahren wieder eingeholt. Der laublose Zustand im Winter offenbart die harmonische Verzweigung. Den Wurzelansatz hatte ich vor einigen Jahren über das Substrat gehoben (› Seite 69), um Stamm, Krone und Wurzel in ein besseres Verhältnis zueinander zu bringen. So ähnelt die Ulme ihrem Vorbild in der Natur sehr. Ihre weitere Entwicklung erfordert nur noch regelmäßiges, frühzeitiges Pinzieren. Die endgültige Höhe von 45 cm wird sie in einigen Jahren erreichen.

3 Porträts

Die beliebtesten Gehölze für Bonsai

Manche Gehölzarten »kooperieren« auf dem Weg zu einem Bonsai besser mit dem Gestalter als andere. Hier finden Sie 22 Beispiele für Einsteiger und Fortgeschrittene, mit denen Sie bestimmt Erfolg haben.

Eigentlich ließen sich die meisten Bäume und Sträucher im Miniaturformat ziehen. Viele sind jedoch so wenig schnittverträglich oder nicht ausreichend formbar, dass das Ergebnis unbefriedigend ausfiele. Halten Sie sich daher lieber an Arten, die Ihre jahrelange Zuwendung lohnen. In diesem Kapitel stelle ich Ihnen 22 Gehölze vor, deren Kultur sich bei mir und anderen Bonsai-Gestaltern bewährt hat. Darunter finden sowohl Einsteiger als auch Fortgeschrittene etwas, das gut zu ihnen passt.

Nur Individualisten

Die verschiedenen Gehölze haben so ihre Eigenheiten. Z. B. wächst die Krone der Rot-Buchen sehr stark und sollte entsprechend kräftig zurückgeschnitten werden. Umgekehrt bevorzugt die Satsuki-Azalee tiefer liegende Äste im Wachstum. In diesem Fall führt ein nur mäßiger Schnitt im oberen Bereich zu einem harmonischen Erscheinungsbild. Bei manchen Arten machen Blüten und/oder Früchte den Reiz des Bonsai mit aus. Hier müssen Sie wissen, worauf beim Schnitt zu achten ist, damit die Blütenknospen nicht der Schere zum Opfer fallen. Anhand dieser Informationen wissen Sie, worauf es bei jeder Art ankommt und wie Sie sie gezielt fördern können.

An das Vorbild denken

In jedem Porträt steht, welchen Wuchs die Gehölze in der Natur haben. Wenn Sie diesen bei der Gestaltung im Hinterkopf haben, entstehen authentische Bonsai. Auch ist es sinnvoll, die von Ihnen gewählten Arten in der Natur und auf Bildern anzuschauen und vielleicht eine Fotosammlung anzulegen. Die Vorbilder für besondere Stilformen, wie Wurzel über Felsen und Kaskaden, finden Sie nur an den dazu passenden Standorten (› Seite 14/15).

Japanischer Fächer-Ahorn

Acer palmatum

GRUPPE: Laubgehölz
TYP: für Einsteiger

großartige Herbstfärbung

Herkunft: Japan, Korea, China
Merkmale: fünf- bis neunlappige Blätter, rote Herbstfärbung; Blüten im Mai/Juni mit roten Kelch- und wachsfarbenen Kronblättern; rötliche Samen, vor der Reife bräunlich
Substrat, Dünger: durchlässiges, mineralisches Substrat; ganzjährig mit Flüssigdünger versorgen; auch organischer Dünger möglich
Pflege: bei sehr sonnigem Standort viel gießen oder leicht schattieren; zu große Blätter auszupfen; im Frühjahr und Herbst oft auf Blattläuse kontrollieren; wird von diversen Pilzkrankheiten befallen, am gefährlichsten ist der Welkepilz Verticillium, befallene Äste bis ins gesunde Holz zurückschneiden; Überwinterung im Freien mit Sonnen-, Wind- und Wurzelschutz
Wuchs: aufrecht; flach schirmförmige Krone; leicht überhängende Zweige
Stilform: alle, außer stark hängenden Formen; Totholzpartien vermeiden
Schnitt & Form: dicke Äste im Spätherbst oder im Juni/Juli schneiden; im Frühjahr formen, wenn die Triebe weich sind; möglichst wenig drahten
Tipp: windgeschützt aufstellen

 Sonne · Halbschatten · Schatten · Blütenschmuck

Zwergmispel

Cotoneaster spec.

GRUPPE: Laubgehölz
TYP: für Einsteiger

sehr schnittverträglich

Herkunft: Asien
Merkmale: je nach Art laubabwerfend oder immergrün, 3–5 mm kleine, ovale Blätter; kleine, fünfblättrige, weiße Blüten von Spätfrühling bis Hochsommer, die schnell in rote Früchte übergehen; Blatt- und Fruchtgröße ideal für kleine Bonsai
Substrat, Dünger: durchlässiges, mineralisches Substrat; ganzjährig mit Flüssigdünger versorgen
Pflege: reichlich gießen; öfter drehen; Zwergmispeln sind anfällig für Feuerbrand, Bonsai werden allerdings selten befallen; Überwinterung im Freien mit Sonnen-, Wind- und Wurzelschutz
Wuchs: flach bis buschförmig
Stilform: alle Stilformen möglich
Schnitt & Form: Formen hauptsächlich durch Schnitt, Drahten ist selten erforderlich; Schnitt ist das ganze Jahr über möglich, dabei Triebe mit Blüten nicht schneiden, um in den Genuss von Früchten zu kommen; in der Aufbauphase das artbedingte Dickenwachstum besonders fördern
Tipp: Früchte durch Netze gegen Vögel schützen

Weißdorn

Crataegus monogyna

GRUPPE: Laubgehölz
TYP: für Einsteiger

sehr schnittverträglich

Herkunft: Europa
Merkmale: gelappte Blätter mit gesägtem Rand, Herbstfärbung gelb/orange; kleine, fünfblättrige, weiße Blüten im Mai/Juni; Früchte färben sich ab August dunkelrot
Substrat, Dünger: durchlässiges, mineralisches Substrat; ganzjährig mit Flüssigdünger versorgen
Pflege: reichlich gießen; öfter drehen; ab und zu Blattlausbefall; anfällig für Feuerbrand, Bonsai werden selten befallen; sehr frostresistent, Überwinterung im Freien mit Sonnen-, Wind- und gutem Wurzelschutz
Wuchs: sparriger Wuchs
Stilform: alle Stilformen möglich; auch Inszenierung von Totholz
Schnitt & Form: erst mit der Gestaltung beginnen, wenn der Stamm dick genug ist; Schnitt ist das ganze Jahr über möglich, dabei Triebe mit Blüten aussparen; Zweige wachsen nicht immer in die gewünschte Richtung; Gestaltung hauptsächlich durch Formschnitt und Spanndrähte, Drahten erzeugt schlecht heilende Wunden
Tipp: Dornen immer abschneiden

Rot-Buche

Fagus sylvatica

GRUPPE: Laubgehölz
TYP: Einsteiger/Fortgeschrittene

leuchtende Herbstfärbung

Herkunft: Mitteleuropa
Merkmale: eiförmige Blätter mit welligem Rand, Herbstfärbung gelb; unscheinbare Blüten im April/Mai, männliche in hängenden Büscheln, weibliche reifen im September/Oktober zu Kapseln mit Bucheckern
Substrat, Dünger: durchlässiges, mineralisches Substrat; ganzjährig mit Flüssigdünger versorgen
Pflege: reichlich gießen; öfter drehen; große Blätter immer abzupfen; Buchenwolllaus tritt im Frühjahr verstärkt auf, vorbeugend im Winter und zum Austriebsbeginn mit paraffinölhaltigen Mitteln spritzen; Überwinterung im Freien mit Sonnen-, Wind- und Wurzelschutz
Wuchs: aufrecht; lockere Krone bildend; dominante Gipfeltriebe
Stilform: alle Stilformen möglich, hängende Formen sind jedoch weniger geeignet
Schnitt & Form: Schnitt das ganze Jahr über möglich; starker Rückschnitt Mitte Juni bis ins alte Holz
Tipp: den oberen Kronenbereich immer kräftig zurückschneiden

Laubschmuck · Fruchtschmuck · nicht oder bedingt frosthart · giftig

Birken-Feige
Ficus benjamina

GRUPPE: Laubgehölz
TYP: für Einsteiger

immergrüner Zimmerschmuck

Herkunft: Asien
Merkmale: immergrün; längliche, leicht ledrige Blätter; feigenförmige Blüten/Früchte, je nach Standort ganzjährig oder während der Hauptwachstumsphase, rot abreifend
Substrat, Dünger: durchlässiges, humoses/mineralisches Substrat (1:1); ganzjährig mit Flüssigdünger versorgen, im Winter nur alle vier Wochen
Pflege: mäßig gießen, Wurzel immer feucht halten; öfter drehen; vor allem im Zimmer auf Blattläuse, Schildläuse und Spinnmilben achten; Überwinterung im Zimmer bei 20 °C an einem hellen Fenster
Wuchs: aufrecht mit nach oben strebenden Ästen; im Alter eine flache Krone und Luftwurzeln bildend
Stilform: alle Stilformen möglich
Schnitt & Form: Schnitt das ganze Jahr über möglich, austretenden Milchsaft mit einem feuchten Küchentuch abtupfen
Tipp: nach komplettem Blatt- und leichtem Rückschnitt ab Mitte Mai im Freien in die volle Sonne stellen, das härtet ab für die Überwinterung

Kletter-Feige
Ficus pumila

GRUPPE: Laubgehölz
TYP: für Fortgeschrittene

lianenartiger Kletterer

Herkunft: Asien
Merkmale: immergrün; kleine, herzförmige Blätter mit glatten Rändern
Substrat, Dünger: durchlässiges, humoses/mineralisches Substrat (1:1); ganzjährig mit Flüssigdünger versorgen
Pflege: mäßig gießen; trockene Blätter im Kroneninneren immer entfernen; öfter drehen; Überwinterung im Zimmer bei 20 °C an einem hellen Fenster
Wuchs: flachwachsend; lianenartige Triebe bildend; klettert gern
Stilform: Felspflanzungen, locker aufrechte Stilform
Schnitt & Form: Schnitt und Formen das ganze Jahr über möglich und nötig, austretenden Milchsaft mit einem feuchten Küchentuch abtupfen; lianenartige Triebe immer wieder entwirren; Triebe werden erst nach Jahren so stabil, dass sie die gewünschte Form halten
Tipp: Triebe sehr lange wachsen lassen, dann erst schneiden

Chinesischer Wacholder
Juniperus chinensis

GRUPPE: Nadelgehölz
TYP: für Einsteiger bis Profis

perfekt für Totholzinszenierung

Herkunft: Asien
Merkmale: immergrün; schuppenförmiges Laub, im Winter braunviolett, bei einigen Sorten ('Itoigawa') extrem klein; Blüten unscheinbar im März/April; weibliche reifen bis zu zwei Jahre zu bläulichen, kugeligen Zapfen
Substrat, Dünger: durchlässiges, mineralisches Substrat; ganzjährig reichlich mit Flüssigdünger versorgen
Pflege: reichlich gießen; öfter drehen; oft auf Spinnmilben, Napf- oder Kommaschildläuse kontrollieren und bekämpfen, sonst wird das Laub fahl; einige Sorten anfällig für Birnengitterrost; Überwinterung im Freien mit Sonnen-, Wind- und Wurzelschutz
Wuchs: buschig bis aufrecht; dominante Gipfeltriebe
Stilform: alle Stilformen möglich; Totholzinszenierung
Schnitt & Form: Zurückzupfen der Langtriebe das ganze Jahr über möglich; starker Form- und Rückschnitt Mitte Juni bis ins alte Holz; drahten das ganze Jahr über möglich
Tipp: sobald Endform erreicht ist, wöchentlich die Langtriebe wieder in Form zurückzupfen

Sonne Halbschatten Schatten Blütenschmuck

Europäische Lärche
Larix decidua

GRUPPE: Nadelgehölz
TYP: für Einsteiger

leuchtende Herbstfärbung

Herkunft: Europa
Merkmale: immergrün; feine, schlanke, in Büscheln entspringende Nadeln, die im Winter abfallen; hängende, gelbe männliche Blütenstände von März bis Mai; stehende, rote weibliche Blüten, die im September/November zu braunen Zapfen reifen
Substrat, Dünger: durchlässiges, mineralisches Substrat; von April bis September Flüssigdünger geben
Pflege: mäßig gießen, Wurzel immer feucht halten; öfter drehen; Lärchenblattlaus lässt die Nadeln einknicken; vorbeugend Winter- und Austriebsspritzung; Überwinterung im Freien mit Sonnen-, Wind- und Wurzelschutz
Wuchs: aufrecht; Äste leicht hängend
Stilform: alle Stilformen möglich, Schirmform weniger geeignet
Schnitt & Form: am Anfang auf attraktiven Wurzelansatz achten; Triebe erst schneiden, wenn man die Endknospen an den Langtrieben erkennt; Neuaustrieb nicht einkürzen
Tipp: weibliche Blüten (Zapfen) nur an den kräftigsten Ästen in geringer Zahl stehen lassen, alle anderen sofort entfernen

Zierapfel 'Evereste'
Malus 'Evereste'

GRUPPE: Laubgehölz
TYP: für Einsteiger

großartiger Blüher und Fruchter

Herkunft: Europa
Merkmale: schmale herzförmige Blätter, gelbe Herbstfärbung; weiße Blüte mit roten Streifen ab Mai; Früchte ab Juni/Juli, Miniaturen der Tafelsorten
Substrat, Dünger: durchlässiges, humoses/mineralisches Substrat (1:1); ganzjährig mit Flüssigdünger versorgen; nach der Blüte zusätzliche Düngergaben zur Fruchtbildung
Pflege: kräftig gießen; öfter drehen; im Frühjahr auf Blattläuse achten; Überwinterung im Freien mit Sonnen-, Wind- und Wurzelschutz
Wuchs: aufrecht bis buschförmig; meist auf Wurzelunterlagen veredelt
Stilform: locker aufrecht, Besenform
Schnitt & Form: in den ersten Jahren im größeren Anzuchtgefäß halten, um Zuwachs zu fördern; Langtriebe erst Anfang Juli zurückschneiden; Neuaustrieb unberührt lassen, weil sich daran die Blütenknospen bilden
Tipp: starker Fruchtbehang schwächt den Baum, sodass er im Folgejahr fast keine Früchte bildet (Alternanz); daher die Früchte im Juni so ausdünnen, dass nur an kräftigen Ästen einige wenige verbleiben

Orangenraute
Murraya paniculata

GRUPPE: Laubgehölz
TYP: für Fortgeschrittene

mit stark duftenden Blüten

Herkunft: Asien
Merkmale: immergrün; Blätter unpaarig gefiedert, ca. 5–7 cm lang; Blütenstände von Juni bis Oktober, weiß, bei Temperaturen ab 20 °C stark nach Jasmin duftend; Früchte ab Oktober, teils gleichzeitig mit der Blüte, ähneln kleinen Kirschen
Substrat, Dünger: durchlässiges, humoses/mineralisches Substrat (1:1); ganzjährig Flüssigdünger geben
Pflege: reichlich gießen; öfter drehen; im Zimmer oft auf Spinnmilbenbefall kontrollieren; Überwinterung ab Ende September in einem hellen, warmen Zimmer oder kühl und hell, dann die Wurzeln trockener halten
Wuchs: aufrecht mit nach oben strebenden Ästen
Stilform: locker aufrecht, Besenform
Schnitt & Form: nach der Blüte kräftig zurückschneiden; wenn nötig auch ins alte Holz, blüht dann aber erst im Folgejahr wieder, da sich die Blütenknospen an Langtrieben bilden
Tipp: Schnitt zugunsten der Blüten- und Fruchtbildung nur sehr moderat; dafür alle drei Jahre kräftig zurückschneiden

Laubschmuck · Fruchtschmuck · nicht oder bedingt frosthart · giftig

Olive
Olea europaea

GRUPPE: Laubgehölz
TYP: für Einsteiger

mit ausdrucksstarker Borke

Herkunft: südliches Europa
Merkmale: immergrün bei warmer, laubabwerfend bei kalter Überwinterung; lederartige, silbrig schimmernde, lanzettförmige Blätter mit glattem Rand; weiße Blüten im Mai/Juni; Früchte (Oliven) reifen bei uns allerdings nur selten
Substrat, Dünger: durchlässiges, mineralisches Substrat; ganzjährig mit Flüssigdünger versorgen
Pflege: im Sommer kräftig gießen, im Winter mäßig feucht halten; im Zimmer sehr selten Schildlausbefall; Überwinterung ab Mitte Oktober in einem kalten, hellen Raum; leichte Minusgrade schaden nicht
Wuchs: aufrecht, zum Teil sparrig
Stilform: locker aufrecht; Besenform; extreme Totholzdarstellung möglich
Schnitt & Form: ganzjährig die Neuaustriebe pinzieren; vor dem Austrieb (Anfang bis Ende März), wenn nötig, kräftig zurückschneiden; nicht immer in die gewünschte Richtung wachsend
Tipp: erst nach kalten Nächten um den Gefrierpunkt ins Winterquartier räumen, das härtet die Pflanze ab

Rot-Fichte
Picea abies

GRUPPE: Nadelgehölz
TYP: für Fortgeschrittene

hellgrüner Austrieb im Frühjahr

Herkunft: Europa
Merkmale: immergrün; Nadeln ca. 1 mm dick und, je nach Herkunft, 1–2,5 cm lang; männliche Blütenstände im Mai/Juni karminrot, weibliche Blüten rötlich; bilden von September bis November hängende, rotbraune Zapfen
Substrat, Dünger: durchlässiges humoses/mineralisches Substrat (1:1); von Mai bis September mit organischem oder/und Flüssigdünger versorgen
Pflege: mäßig gießen, Wurzel immer feucht halten; öfter drehen; auf Sitkafichtenlaus achten (bei Bonsai selten); Überwinterung im Freien mit Sonnen-, Wind- und Wurzelschutz
Wuchs: streng aufrecht mit aufgerichteten, später hängenden Ästen
Stilform: alle Stilformen, Besenform weniger geeignet; Totholzpartien bei alten Exemplaren möglich
Schnitt & Form: die Neutriebe im Mai/Juni pinzieren, sobald sie sich gestreckt haben; Mitteltrieb ganz ausbrechen
Tipp: den Gipfelbereich immer stärker auslichten

Schwarz-Kiefer
Pinus nigra

GRUPPE: Nadelgehölz
TYP: für Fortgeschrittene

für dramatische Totholzpartien

Herkunft: Süd- und Südosteuropa
Merkmale: immergrün; zweinadelig, dunkelgrüne, stechende Nadeln; männliche, gelbe Blüten im Mai/Juni an der Basis junger Langtriebe, weibliche an den Spitzen der Kurztriebe, anfangs leicht rötlich; September/Oktober hängende Zapfen bildend
Substrat, Dünger: durchlässiges, mineralisches Substrat; ganzjährig mit Flüssigdünger versorgen
Pflege: reichlich gießen; öfter drehen; im Frühjahr auf Raupenbefall kontrollieren; Überwintern im Freien mit Sonnen-, Wind- und Wurzelschutz
Wuchs: aufrecht; im oberen Kronenbereich sehr dominant
Stilform: alle außer Besenform
Schnitt & Form: Kerzen im Frühjahr nach dem Strecken, wenn noch keine Nadeln sichtbar sind, auf ca. ein Drittel einkürzen oder den Neuaustrieb Mitte August komplett entfernen
Tipp: während der Aufbauphase die Stammdicke fördern; erst dann auf eine feinere Verzweigung hinarbeiten

Sonne · Halbschatten · Schatten · Blütenschmuck

Mädchen-Kiefer

Pinus parviflora

GRUPPE: Nadelgehölz
TYP: für Fortgeschrittene

mit attraktiver Borke

Herkunft: südliches Asien
Merkmale: immergrün; bis zu fünf 1–4 cm lange Nadeln pinselartig angeordnet, hellgrün bis blaugrün, unterseits silbrig glänzend; männliche Blüten im Mai/Juni in Quirlen an der Basis des Neuaustriebs, weibliche endständig; bei Befruchtung im Oktober/November Zapfen bildend
Substrat, Dünger: durchlässiges, mineralisches Substrat; ganzjährig mit Flüssigdünger versorgen
Pflege: im Sommer kräftig gießen, im Winter nur mäßig feucht halten; im Frühjahr auf Raupenbefall achten; Überwinterung im Freien mit Sonnen-, Wind- und Wurzelschutz
Wuchs: aufrecht
Stilform: alle Stilformen außer Schirmform; Totholzpartien möglich
Schnitt & Form: Neuaustrieb nach dem Strecken der Kerzen um zwei Drittel abdrehen; erkennbare Blütenstände sofort komplett entfernen; zu lange Triebe auf einen näher am Stamm liegenden Seitenast kürzen
Tipp: in der Aufbauphase auf Stammentwicklung achten, gleichzeitig schon Verzweigung fördern

Wald-Kiefer

Pinus sylvestris

GRUPPE: Nadelgehölz
TYP: für Fortgeschrittene

rötliche, abplatzende Borke

Herkunft: Europa
Merkmale: immergrün; zweinadelig, Nadeln ca. 1 mm dick und, je nach Herkunft, 2–7 cm lang; männliche, blassgelbe Blüten im Mai/Juni an der Basis des Neuaustriebs, weibliche, rötliche Blüten endständig; im September/Oktober Zapfen bildend
Substrat, Dünger: durchlässiges, mineralisches Substrat; von April bis September Flüssigdünger geben
Pflege: kräftig gießen, Wurzeln immer feucht halten; öfter drehen; im Frühjahr auf Raupen achten; gelegentlich Blattläuse; Überwinterung im Freien mit Sonnen-, Wind- und Wurzelschutz
Wuchs: aufrecht; im Alter eine flache Krone bildend; lockere Astanordnung
Stilform: alle, Besenform weniger geeignet; Totholzpartien bei alten Exemplaren möglich
Schnitt & Form: Neuaustrieb nach Strecken der Kerzen um zwei Drittel abdrehen oder Neuaustrieb komplett Mitte August abschneiden
Tipp: die gute Schnittverträglichkeit ermöglicht, Stamm und Verzweigung gleichzeitig zu fördern

Schlehe

Prunus spinosa

GRUPPE: Laubgehölz
TYP: Einsteiger/Fortgeschrittene

reicher Blüher und Fruchter

Herkunft: Mitteleuropa
Merkmale: schmale Blätter, 3–5 cm lang; gelbliche Herbstfärbung; weiße Blütenstände im März/April an Kurztrieben; dunkelblaue bis schwarze, kugelige Steinfrucht im September/Oktober; wird erst nach Frost süß
Substrat, Dünger: durchlässiges, mineralisches Substrat; ganzjährig mit Flüssigdünger versorgen
Pflege: reichlich gießen; öfter drehen; Überwinterung im Freien mit Sonnen-, Wind- und Wurzelschutz
Wuchs: sparrig wachsender Strauch
Stilform: alle aufrechten Formen
Schnitt & Form: Formen meist durch Schnitt und Spannen; beim Schnitt Kurztriebe stehen lassen, weil sie die Blütenknospen tragen
Tipp: Drahten ist einfacher und ohne Verletzungen möglich, wenn die Dornen immer abgeschnitten werden

Laubschmuck · Fruchtschmuck · nicht oder bedingt frosthart · giftig

Granatapfel

Punica granatum

GRUPPE: Laubgehölz
TYP: Einsteiger/Fortgeschrittene

zierende, rote Blüten

Herkunft: Asien
Merkmale: Laub lanzettförmig, 3–5 cm lang, gelbe Herbstfärbung; Blüte von März bis Oktober orangerot; nach Bestäubung im Juni/Juli Früchte
Substrat, Dünger: durchlässiges, grobkörniges, mineralisches Substrat; ganzjährig mit Flüssigdünger versorgen
Pflege: im Sommer kräftig gießen, im Winter mäßig feucht halten; Überwinterung ab Ende Oktober bis Ende März hell oder dunkel bei 5–10 °C
Wuchs: strauchförmig, zum Teil mit kurzem Stamm
Stilform: alle aufrechten Stilformen; auch mit Totholz
Schnitt & Form: Rückschnitt der Langtriebe ohne Blütenansatz an der Spitze auf ein Blatt ganzjährig möglich, Triebe mit Blüten erst im Herbst zurückschneiden; Triebe erst nach dem Aushärten vorsichtig drahten
Tipp: während der Aufbauphase nicht auf Blütenansatz achten, sondern starken Zuwachs fördern; vollsonniger Standort fördert Blüte und Frucht

Satsuki-Azalee

Rhododendron indicum

GRUPPE: Laubgehölz
TYP: für Fortgeschrittene

schöner, etagenförmiger Wuchs

Herkunft: Asien
Merkmale: ca. 1500 Sorten; teils laubabwerfend, Blätter oval bis lanzettförmig, 1–3 cm lang, meist leicht behaart; Blüte in allen Farben und Formen von Mai bis Juli
Substrat, Dünger: durchlässiges, mineralisches, saures Substrat (Kanuma; pH 5–5,8; pH 6,5 wird noch toleriert); gegen Ende der Blüte bis September Flüssigdünger geben
Pflege: kräftig gießen, Wurzel feucht halten; öfter drehen; auf Blattläuse, Thripse, Schildläuse und Rhododendronwanze achten; bei Welkepilz Substrat ganz austauschen, mit Stärkungsmitteln gießen und schattig bei hoher Luftfeuchte stellen; Überwinterung hell und kalt, im Freien nur bis –6 °C, leicht feucht halten
Wuchs: strauchförmig, aufrecht mit lockerer Krone
Stilform: alle; kein Totholz
Schnitt & Form: Verblühtes ausbrechen; abgeblühte Äste unterhalb des Knotens zurückschneiden, woran sich die Blüten gebildet hatten
Tipp: den oberen Bereich moderater zurückschneiden

Europäische Eibe

Taxus baccata

GRUPPE: Nadelgehölz
TYP: Einsteiger/Fortgeschrittene

rötlich leuchtende Borke

Herkunft: Mitteleuropa
Merkmale: immergrün; nadelförmige Blätter, 1–3 cm lang; männliche Blüten kugelig an Zweigspitzen, weibliche Blüten im März/April an Zweigbasis, unscheinbar; bilden im September/Oktober rötliche Früchte
Substrat, Dünger: durchlässiges, mineralisch-organisches Substrat (1:1); ganzjährig mit Flüssigdünger versorgen
Pflege: reichlich gießen; öfter drehen; sehr selten Napfschildläuse, abstreifen, dann Hände waschen; Überwinterung im Freien mit Sonnen-, Wind- und Wurzelschutz
Wuchs: aufrecht, Strauch- oder Baumform; Äste steil nach oben
Stilform: alle aufrechten, außer Schirmform; Totholz sehr dekorativ
Schnitt & Form: Schnitt bis ins alte Holz möglich; Gipfeltriebe an den Seitenzweigen (mit spiralförmiger Benadelung) weit zurücknehmen, damit dichte Etagen gebildet werden; Formschnitt nach Neuaustrieb
Tipp: weit ins alte Holz zurückschneiden, um Verzweigung zu fördern

Sonne · Halbschatten · Schatten · Blütenschmuck

Japanische Eibe
Taxus cuspidata

GRUPPE: Nadelgehölz
TYP: Einsteiger/Fortgeschrittene
gut für Totholzpartien geeignet

Herkunft: Asien
Merkmale: immergrün; nadelförmige Blätter, 1–3 cm lang, meist spiralförmig angeordnet; männliche Blüten März/April kugelig an Zweigspitzen, weibliche Blüten an Zweigbasis, unscheinbar; rötliche Früchte im September/Oktober; widerstandsfähiger und winterhärter als *T. baccata*
Substrat, Dünger: durchlässiges, mineralisch-organisches Substrat (1:1); ganzjährig mit Flüssigdünger versorgen
Pflege: reichlich gießen; öfter drehen; Napfschildläuse (s. *T. baccata*); Überwinterung im Freien bis –35 °C, mit Sonnen-, Wind- und Wurzelschutz
Wuchs: aufrecht, Strauch- oder Baumform; Äste steil nach oben
Stilform: alle aufrechten Formen; Schirmform ungeeignet; Totholzpartien sehr dekorativ
Schnitt & Form: Gipfeltriebe an den Seitenzweigen (mit spiralförmiger Benadelung) weit zurücknehmen, damit dichte Etagen gebildet werden; Formschnitt nach Neuaustrieb
Tipp: weit ins alte Holz zurückschneiden, um Verzweigung zu fördern

Sibirische Ulme
Ulmus pumila

GRUPPE: Laubgehölz
TYP: für Einsteiger
kleine Blätter, feine Verzweigung

Herkunft: Nordchina, Ostsibirien
Merkmale: Blätter oval, gezahnter Rand, bei Bonsai 2–3 cm lang (sonst bis 15 cm); Blüten an Kurztrieben in aufrechten Büscheln im Mai/Juni
Substrat, Dünger: durchlässiges, mineralisches Substrat; von Mai bis September mit Flüssigdünger versorgen
Pflege: Wurzel stets feucht halten; große Blätter immer abzupfen; öfter drehen; selten Blattläuse und Raupen; Überwinterung im Freien bis –35 °C mit Sonnen-, Wind- und Wurzelschutz
Wuchs: aufrechter Baum mit lockerer, halbrunder Krone
Stilform: alle aufrechten Stilformen; Totholzpartien nicht zu empfehlen
Schnitt & Form: bei jungen Pflanzen nach Abhärten des Austriebs Ende Mai bis Mitte Juni Rückschnitt auf ein Blatt; bei älteren Pflanzen Neuaustrieb sofort pinzieren
Tipp: in der Aufbauphase Stammdicke fördern; erst danach die Verzweigung fördern

Japanische Zelkove
Zelkova serrata

GRUPPE: Laubgehölz
TYP: für Einsteiger
feingliedriger Kronenaufbau

Herkunft: Asien
Merkmale: Blätter elliptisch mit gezahntem Rand, bei Bonsai 2–4 cm lang, sonst über 10 cm, goldgelbe Herbstfärbung; männliche Blüten im April/Mai an den Blattbasen der Jungtriebe, weibliche Blüten im oberen Bereich der Jungtriebe
Substrat, Dünger: durchlässiges, mineralisches Substrat; ganzjährig mit Flüssigdünger versorgen
Pflege: reichlich gießen; öfter drehen; große Blätter immer abzupfen; Überwinterung im Freien bis –20 °C mit Sonnen-, Wind- und Wurzelschutz
Wuchs: aufrecht wachsender Baum; Äste steil nach oben gerichtet
Stilform: locker aufrecht, Besenform
Schnitt & Form: bei jungen Pflanzen nach Abhärten des Austriebs Ende Mai/Mitte Juni Rückschnitt auf ein Blatt; bei älteren Pflanzen Neuaustrieb sofort pinzieren
Tipp: in der Aufbauphase Stammdicke fördern; erst danach die Verzweigung fördern

Laubschmuck | Fruchtschmuck | nicht oder bedingt frosthart | giftig

Register

Halbfette Seitenzahlen verweisen auf Abbildungen.

Adressen

Verein

Bonsai Club Deutschland e.V.
Axel Paduch
Duisburger Straße 83 B
47166 Duisburg
www.bonsai-club-deutschland.de

Verkauf und Kurse

Bonsaischule Enger
Feldstraße 21
32130 Enger
www.bonsaischule.de

Bonsai Werkstatt Werner M. Busch
Hammer Dorfstraße 167
40221 Düsseldorf
www.bonsaiwerkstatt.de

Bonsai-Zentrum Münsterland GmbH
Raiffeisenstraße 22
59387 Ascheberg
www.bonsai.de

Bonsai Design
Udo Fischer
Oberdorfstraße 33
69245 Bammental
www.bonsai-design.de

Bonsai-Stube Manfred Roth
Antogasterstraße 11
77728 Oppenau
www.bonsai-roth.de

Bonsai Sturm
Dudenhofer Str. 10
67354 Römerberg
www.bonsai-sturm.de

Bonsai Winkler
Herbert Winkler
Unkofen 8
84098 Hohenthann
www.bonsai-winkler.de

Bonsai Garten Chiisana-en
Harald Lehner
Bahnhofstr. 27
82284 Grafrath
www.bonsaigarten.de

Zulauf AG
Baumschule, Garten-Center, Bonsai-Center, Dampfbahn
Degerfeldstrasse 4
CH-5107 Schinznach-Dorf
www.baumschule.ch

Bonsai Auer
Othmar Auer
Pustertalerstr. 2/1
I-39040 Neustift/Vahrn
www.bonsai-auer.com

Literatur

Bücher

Hensel, W./Jany, Ch./Kluth, S./Mayer, J./Späth, M.: **Das große GU Praxis-Handbuch Garten.** Gräfe und Unzer Verlag, München

Naka, John: **Bonsai Technik 1** und **Bonsai Technik 2**. Bonsai Art, Münster

Busch, Werner M.: **Bonsai: Für drinnen und draußen.** BLV, München

Haas, Hansjörg: **Das große Gu Praxishandbuch Pflanzenschnitt.** Gräfe und Unzer Verlag, München

Fachzeitschrift

Bonsai Art
Verlags- und Vertriebsgesellschaft
An der Alten Ziegelei 28
48157 Münster
www.bonsai-art.com

Zubehör

Bonsaischalen
Peter Krebs
Oststraße 9
35745 Herborn
www.bonsaischalen-toepfer-peterkrebs.de

Dank

Ich bedanke mich bei meiner Frau Rosa für ihre tatkräftige Unterstützung und dafür, dass sie mir während der gesamten Buchentstehung den Rücken freigehalten hat.

Johann Kastner

Seit ich im Jahr 1978 zum ersten Mal mit einem Bonsai in Berührung kam, bin ich vom Bonsai-Virus befallen. Rasch wurde das Hobby zur Berufung. Um meine gestalterischen Fähigkeiten weiterzuentwickeln, absolvierte ich Workshops bei bekannten Bonsai-Meistern (John Naka, Peter Adams u.a.). 1999 begann ich ein Bonsai-Studium in der Scuola d' Arte Bonsai in Italien bei dem Japanischen Bonsai-Meister Hideo Suzuki. 2005 legte ich schließlich die Prüfung zum Bonsai-Lehrer der Hamano Bonsai-Schule in Japan ab. Bei Ausstellungen, Bundes- und Landesgartenschauen wurden viele meiner Bonsai mit Medaillen ausgezeichnet. Die größten bisherigen Erfolge waren die Auszeichnungen »Bonsai des Jahres 1994« und »Bonsai des Jahres 1996« durch den Deutschen Bonsai Club.
Mittlerweile widme ich mich zusammen mit meiner Frau Rosa seit mehr als 30 Jahren der Bonsai-Kunst und gebe mein Wissen in Seminaren, Fachzeitschriftenartikeln und Büchern weiter. Mein Leitspruch lautet: »Ich will mit meinen Bonsai älter werden«.

Herzlichst, Ihr

QUALITÄTS G|U GARANTIE

LIEBE LESERINNEN UND LESER,

wir wollen Ihnen mit diesem Buch Informationen und Anregungen geben, um Ihnen das Leben zu erleichtern oder Sie zu inspirieren, Neues auszuprobieren. Wir achten bei der Erstellung unserer Bücher auf Aktualität und stellen höchste Ansprüche an Inhalt und Gestaltung. Alle Anleitungen und Rezepte werden von unseren Autoren, jeweils Experten auf ihren Gebieten, gewissenhaft erstellt und von unseren Redakteur*innen mit größter Sorgfalt ausgewählt und geprüft.

Haben wir Ihre Erwartungen erfüllt? Sind Sie mit diesem Buch und seinen Inhalten zufrieden? Wir freuen uns auf Ihre Rückmeldung. Und wir freuen uns, wenn Sie diesen Titel weiterempfehlen, in Ihrem Freundeskreis oder bei Ihrem Online-Kauf.

Sollten wir Ihre Erwartungen so gar nicht erfüllt haben, tauschen wir Ihnen Ihr Buch jederzeit gegen ein gleichwertiges zum gleichen oder ähnlichen Thema um.

KONTAKT ZUM LESERSERVICE

GRÄFE UND UNZER VERLAG
Grillparzerstraße 12
81675 München
www.gu.de

GRÄFE UND UNZER

Ein Unternehmen der GANSKE VERLAGSGRUPPE

Impressum

Aktualisierte Neuausgabe des Titels »Bonsai - Schritt für Schritt zum Bonsaiprofi« 2010, ISBN 978-3-8338-1126-5

G|U

GU ist eine eingetragene Marke der GRÄFE UND UNZER VERLAG GmbH, www.gu.de

ISBN 978-3-8338-9496-1
1. Auflage 2024

Projektleitung: Angelika Holdau, Elke Sieferer, Julia Herko
Lektorat: Silke Kluth, Barbara Kiesewetter
Bildredaktion: Daniela Lauser, Adriane Andreas, Dr. Folko Kullmann, Petra Ender
Layout: independent Medien-Design, Horst Moser, München
Umschlaggestaltung: ki 36 Editorial Design, Bettina Stickel
Produktion: Markus Plötz
Satz: Longo AG, Bozen
Reproduktion: Longo AG, Bozen
Druck und Bindung: Dimograf, Polen

Bildnachweis

Cover: Helmut Rüger.
Alle Bilder im Innenteil stammen von der Bildagentur Beck mit Ausnahme von: Bildagentur-online: 9; Elke Borkowski: 25; Botanikfoto: 71; Flora Press: 36; Flora Press/Bildagentur Beck: 112/113; Johann Kastner: 8, 14, 24, 42-1, 42-2, 42-3, 42-4, 42-5, 42-6, 43-1, 43-2, 43-3, 43-4, 43-5, 43-6, 44, 45, 73-1, 73-2, 73-3, 73-4, 73-5, 75-1, 75-2, 75-3, 75-4, 75-5, 77-1, 77-2, 77-3, 77-4, 82, 83, 94-1, 94-2, 94-3, 94-4, 94-5, 96-1, 96-2, 96-3, 96-4, 96-5, 98-1, 98-2, 98-3, 98-4, 98-5, 100-1, 100-2, 100-3, 100-4, 100-5, 102-1, 102-2, 102-3, 102-4, 102-5, 104-1, 104-2, 104-3, 104-4, 104-5, 106-1, 106-2, 106-3, 106-4, 106-5, 108-1, 108-2, 108-3, 108-4, 108-5, 110-1, 110-2, 110-3, 110-4, 110-5; Mauritius Images: 10, 11 , 48/49; Marianne Majerus/Herons Bonsai, Surrey: 51; Marion Nickig: 4-2, 50, 51; Helmut Rüger: 2/3, 5, 6/7, 27, 39-2, 71, 93. Zeichnungen: Heidi Janiček, München.

Syndication: imageprofessionals.com

Die Fotografen

Die Bildagentur Beck hat sich auf Garten- und Pflanzenfotografie spezialisiert. Zum Repertoire gehören stimmungsvolle Gartenaufnahmen und Pflanzenporträts ebenso wie Fotos zur Gartenpraxis. Mehr Informationen finden Sie unter: www.bildagentur-beck.de

Der Autor

Johann Kastner widmet sich zusammen mit seiner Frau Rosa seit mehr als 30 Jahren der Bonsai-Kunst. Längst ist das Hobby zur Berufung geworden: Er gibt sein Wissen in Seminaren und Fachzeitschriftenartikeln weiter.

Wichtige Hinweise

- Bewahren Sie Dünge- und Pflanzenschutzmittel für Kinder und Haustiere unerreichbar auf.
- Wenn Sie sich bei der Arbeit verletzen, sollen Sie umgehend einen Arzt aufsuchen. Eventuell ist eine Impfung gegen Tetanus erforderlich.

Umwelthinweis
Dieses Buch ist auf PEFC-zertifiziertem Papier aus nachhaltiger Waldwirtschaft gedruckt.